August Bernoulli

Die Luzernerchronik des Melchior Russ

August Bernoulli

Die Luzernerchronik des Melchior Russ

ISBN/EAN: 9783743340398

Hergestellt in Europa, USA, Kanada, Australien, Japan

Cover: Foto ©ninafisch / pixelio.de

Manufactured and distributed by brebook publishing software (www.brebook.com)

August Bernoulli

Die Luzernerchronik des Melchior Russ

Die

Luzernerchronik

des

Melchior Russ.

Inauguraldissertation

zur Erlangung der philosophischen Doctorwürde
an der Universität Basel

von

August Bernoulli.

Basel — Buchdruckerei von C. Schultze — **1878**.

Wilhelm Vischer

dem Erforscher der Waldstädtersagen

zugeeignet.

Einleitung.

Die zahlreichen Städtechroniken, welche das XV Jahrhundert im Gebiete der schweizerischen Eidgenossenschaft entstehen sah, gehören meist den drei Städten Zürich, Bern und Luzern an, und lassen sich demnach in drei Gruppen zusammenfassen. Unter diesen sind die in Luzern entstandenen Chroniken verhältnissmässig noch am wenigsten untersucht worden; es soll daher die älteste derselben, nämlich die Luzerner Chronik des Melchior Russ,[1] den Gegenstand vorliegender Abhandlung bilden.

Wie Russ in seiner Vorrede bezeugt, begann er seine Chronik erst 1482, also zu einer Zeit, wo sowohl Bern als Zürich ihre Geschichte schon längst in verschiedenen Bearbeitungen besassen. Ueberdies war kurz vorher in Bern (1480) in Folge der jüngst vergangenen Burgunderkriege, der Gerichtschreiber Diebold Schilling vom Rathe mit der Fortsetzung und Umarbeitung der alten, 1420 entstandenen Stadschronik betraut worden. Auch in Luzern wollte die Obrigkeit die Siege

---

[1] Ausgabe, mit Anmerkungen, von Stadtarchivar Schneller in Luzern, im Schweiz. Geschichtforscher Bd. X. Die Bezeichnung als «Eidgenössische Chronik» rührt erst aus dem XVIII. Jahrhundert. Schnellers Ausgabe beruht auf der ältesten erhaltenen Handschrift, von welcher die übrigen nur Copien sind (s. Schnellers Vorrede).

über den Herzog von Burgund der Nachwelt überliefern und liess, unmittelbar nach den Ereignissen (1477), einen Bericht über dieselben verfassen. In frühern Zeiten hatten sich die jeweiligen Stadtschreiber begnügt, die wichtigsten Zeitereignisse in aller Kürze in dem noch erhaltenen Bürgerbuche anzumerken.[1]) Von den Burgunderkriegen dagegen wissen wir, aus einer Notiz dieses Bürgerbuches und aus Schillings Bernerchronik,[2]) dass sie mit einiger Ausführlichkeit im Rathsbuche beschrieben waren. Vermuthlich war ihr Verfasser der damalige Stadtschreiber Melchior Russ, welcher sammt seinem gleichnamigen Sohne, unserm Chronisten, in den verschiedenen Schlachten mitgekämpft hatte. Leider ist das betreffende Rathsbuch längst verloren,[3]) und wir erfahren nur aus Schilling, dass er jenen Bericht bei Abfassung seiner Bernerchronik benützte. Der hohe Werth, den die Berner augenscheinlich, durch ihren Auftrag an Schilling, auf die Fortsetzung ihrer Stadtchronik legten, mochte auch in Luzern den Wunsch wecken, ein ähnliches Werk zu besitzen wie die Nachbarstadt, d. h. eine Chronik, welche die Geschichte der Stadt von ihrem Ursprung bis zur Gegenwart enthielt, und diese Arbeit war es, welcher Melchior Russ, der damals unter seinem Vater, dem Stadtschreiber, auf der Kanzlei arbeitete, von 1482 an seine freie Zeit widmete.[4])

---

[1]) Ausgabe von Schneller, im Geschichtsfreund Bd. XXII.
[2]) s. d. Bürgerbuch, im Geschichtsfreund XXII, p. 160, sowie Schillings Bernerchronik, Ausgabe von 1743, p. 176.
[3]) Ueber die noch erhaltenen Luzerner Rathsbücher s. Segesser's Rechtsgeschichte des Cantons Luzern Bd. I, p. 14 der Vorrede, wonach der Band von 1462—1477 fehlt. Vermuthlich war gerade sein interessanter Inhalt die Ursache seiner frühzeitigen Entwendung!
[4]) Ueber die Lebensgeschichte unseres Chronisten verweisen wir auf Th. v. Liebenau: »Ritter Melchior Russ von Luzern«.

Das zunächst liegende Vorbild war die **Bernerchronik**. Schon ihr ursprünglicher Verfasser, Justinger (1420), bezeichnet in der Vorrede[1]) als ihren Inhalt „die sachen, so die stat berne, ir fründe und eidgnossen berürent," und hat daher, diesem Plan entsprechend, vielfachen Anlass, die noch ältere **Zürcherchronik** auszuschreiben. In gleicher Weise konnte daher auch Russ, sobald er den Plan seines Vorbildes befolgte, in demselben vieles finden, was auch in einer Chronik seiner Vaterstadt und ihrer Eidgenossen am rechten Orte war: es konnte somit dem Luzernerchronisten **die Bernerchronik, sein Vorbild, zugleich als Quelle dienen**. Diese Bernerchronik war in ihrer amtlichen Redaction, zu Russens Zeiten, nicht leicht zugänglich, und zudem war ihre neue Bearbeitung durch Schilling, als Russ zu schreiben begann (1482), noch gar nicht vollendet.[2]) Dagegen waren zwei für die Oeffentlichkeit bestimmte Bearbeitungen verbreitet, von welcher die ältere, mit Königshovens Weltchronik verbunden, schon mit 1424 schloss,[3]) während eine neuere, von Dittlinger und Tschachtlan besorgte Ausgabe bis 1470 reichte.[4]) In dieser letztern Gestalt diente die Berner-

---

[1]) s. Justingers Bernerchronik, Ausg. von Studer, p. 3.
[2]) sondern erst 1484.
[3]) Als »Anonyme Stadtchronik« bekannt und von Studer, als Anhang zu Justingers Bernerchronik herausgegeben.
[4]) Zu diesem Werke, dessen Urschrift erhalten ist, lieferte Dittlinger den Text und Tschachtlan die Bilder. Herausgegeben ist dasselbe nur nach Schillings Ueberarbeitung durch Stierlin und Wyss, in zwei Bänden. Da der ältere Theil, welcher bei Russ allein in Betracht kommt, sich wesentlich an Justinger anschliesst, so halten wir uns in unserer Untersuchung durchweg an die viel zuverlässigere, durch Studer besorgte Ausgabe Justingers.

chronik, wie zuerst G. Studer nachgewiesen hat, unserm Luzernerchronisten als Quelle.¹) Während dieses bernerische Vorbild uns vollständig erhalten ist, reicht Russens Werk in der erhaltenen Handschrift nur bis 1412 und bricht mitten im Texte einer Urkunde ab. Uebrigens erfahren wir von Russ selbst, in einem noch erhaltenen Actenstücke,²) dass er 1487, als er vom Rathe von Luzern an den König von Ungarn gesandt wurde, seine Chronik noch nicht vollendet hatte. Diese Sendung aber, nach einem Lande das er schon 1479 durchreist hatte,³) wurde für Russ der Anfang vielfacher Sorgen, Verdriesslichkeiten und selbst Verfolgungen, welche erst mit seinem Tode (1499) aufhörten⁴) und ihm schwerlich mehr die nöthige Lust und Musse zur Wiederaufnahme seines Werkes liessen. Wir haben daher allen Grund zur Annahme, dass Russ an seiner 1482 begonnenen Chronik nur bis 1487 arbeitete und in dieser Zeit nur bis 1412 gelangte.

Bevor wir nun das unvollendete Werk näher betrachten, werfen wir noch einen Blick auf die unmittelbaren Nachfolger. Noch als Russ in Ungarn verweilte, erfolgte 1490 der Zug der Luzerner und ihrer Bundesgenossen zum Schutze des Abtes von St. Gallen. In ähnlicher Weise, wie vorher die Burgunderkriege, wurde auch diese Waffenthat im Luzerner Rathsbuch ausführlich beschrieben,⁵) und zwar durch Russens

¹) s. Studer: »Die Quellen des Laupenkrieges« im Archiv des Berner histor. Vereins, Bd. IV, Heft 3, p. 59.
²) Abgedruckt bei Segesser: »Die Beziehungen der Schweizer zu Mathias Corvinus«, p. 91 ff.
³) s. ebendort.
⁴) s. Th. v. Liebenau, in der oben erwähnten Lebensbeschreibung des Russ.
⁵) Der betreffende Band des Rathsbuches ist noch erhalten; der Bericht trägt Etterlins Unterschrift.

ältern Zeitgenossen, Petermann Etterlin, welcher ebenfalls zu den „Schreibern" der Kanzlei gehörte. Für Russ aber gestalteten sich nach seiner Rückkehr die Verhältnisse immer ungünstiger, bis er, von Luzern verbannt, im Schwabenkriege (1499) in den Reihen der Urner kämpfend, bei Rheinegg den Tod fand. Auch diesen Krieg wollte der damalige Stadtschreiber von Luzern, Ludwig Feer, ausführlich beschreiben; jedoch hinterliess er, durch frühzeitigen Tod verhindert, nur einen fragmentarischen Entwurf.[1]) Dagegen verfasste sein Gehilfe, der Unterschreiber Niklaus Schradin, über diesen Krieg eine Reimchronik, welche, für die ganze Eidgenossenschaft bestimmt, schon 1500 zu Sursee im Druck erschien.[2])

Die Geschichte der ältern Zeit aber, über welche Russ nur sein unvollendetes Werk hinterlassen hatte, erhielt wenige Jahre nach seinem Tode einen neuen Bearbeiter in dem schon erwähnten Petermann Etterlin, der um 1505 eine Chronik zu schreiben begann, welche er schon 1507 zum Drucke nach Basel sandte.[3]) Während noch Russ, gleichwie die Bernerchronik, nur die Geschichte seiner Stadt und ihrer Eidgenossen schreiben will, ist es Etterlins ausgesprochene Absicht, die Geschichte der gesammten Eidgenossenschaft, als eines aus einzelnen Gliedern bestehenden Ganzen, zusammenzustellen. Wenn nun allerdings der Inhalt dieser „Chronika der löblichen Eidgenossenschaft" den Anforderungen dieses Planes nur theilweise entspricht, so haben wir die Ursache in Etterlins ungenügenden Quellen zu suchen, gleichwie wir es dem Einflusse der Berner-

---

[1]) Ausgabe im Geschichtsfreund Bd. II.
[2]) Diese sehr selten gewordene Ausgabe ist abgedruckt im Geschichtsfreund Bd. IV.
[3]) Neu herausgegeben 1752 von J. J. Spreng.

chronik zuzuschreiben haben, wenn Russ, der Luzernerchronist, über Bern sozusagen ebensoviel berichtet als über seine Vaterstadt. Was nun das spezielle Verhältniss Etterlins zu Russ betrifft, so sei gleich hier bemerkt, dass er sich von seinem Vorgänger so viel wie möglich unabhängig zu machen sucht, und ihn nur da benützt, wo ihm keine andere Quelle zu Gebote steht. Es ist somit Etterlins Werk keine Ueberarbeitung, und noch weniger eine Fortsetzung seines Vorgängers Russ. Wohl aber steht zu diesen beiden Chronisten ein Dritter in naher Beziehung, nämlich ihr jüngerer Zeitgenosse, der Kaplan Diebold Schilling, ein Neffe des gleichnamigen Bernerchronisten und Sohn des luzernischen Unterschreibers Johann Schilling.[1]) In seiner handschriftlichen Chronik,[2]) welche wenige Jahre nach Etterlins 1509 erfolgten Tode verfasst wurde, beginnt die fortlaufende Darstellung der Ereignisse erst mit dem Sempacherkriege; aus der ältern Zeit werden nur zwei Ereignisse erzählt, nämlich die Gründung Luzerns, worüber Schilling theilweise von Russ abweicht, und die dortige Mordnacht, welche von Letzterm gar nicht erwähnt wird. Ueber diese beiden Ereignisse dient ihm dagegen Etterlin als Quelle, den er überhaupt durchweg seiner Arbeit zu Grunde legt. Er selbst äussert in seiner Vorrede, dass er aus der ältern Zeit alles übergehen wolle, was schon in andern Chroniken genugsam beschrieben sei. Es erscheint somit sein Werk zunächst als eine freie Fortsetzung zu Russ, wobei er, mit Hilfe Etterlins, aus der ältern Zeit noch dasjenige nachholt, was er bei Russ vermisst, wie z. B. die Luzerner Mordnacht, oder worüber er ihn berichtigen und ergänzen

---

[1]) Die Familie Schilling stammte aus Solothurn; s. Th. v. Liebenau: »Der Chronikschreiber Diebold Schilling von Luzern«.
[2]) Herausgegeben als »Diebold Schillings Schweizerchronik«.

will, wie z. B. die Gründung Luzerns oder die Schlacht bei Sempach. Zugleich aber sucht er auch die Angaben des Etterlin zu vervollständigen, und dies geschieht namentlich in der neuern Zeit, wo er seit den Burgunderkriegen manche Begebenheiten erzählt, welche Etterlin gänzlich verschweigt.[1]) Diese Ergänzungen werden immer zahlreicher bis zum Schlusse von Etterlins Arbeit, an welche Schilling noch die Geschichte der Jahre 1503—1509 anfügt. Es ist somit Schillings Luzernerchronik zugleich als eine Fortsetzung des Russ und als eine Ueberarbeitung des Etterlin aufzufassen.

Wenden wir uns nun von diesen Nachfolgern wieder zu Russ, so sahen wir oben, dass die Dittlinger'sche Bernerchronik, sein Vorbild, ihm zugleich als Quelle diente. Es sei gleich hier bemerkt, dass auch Russ, wie die meisten Chronisten des Mittelalters, und wie auch die oben genannten Nachfolger, seine Quellen meist wörtlich ausschrieb. Dieses Ausschreiben beginnt bei Russ, für die Bernerchronik, mit der Zeit Rudolfs von Habsburg: von diesem Zeitpunkte an bis zu Ende, d. h. bis 1412, ist das Werk sozusagen nur eine Auswahl wörtlich ausgeschriebener Abschnitte der Bernerchronik, welche nur durch eine Anzahl eingeschalteter Luzerner Nachrichten bereichert erscheint. Diesem grössern, auf der Bernerchronik beruhenden Theile schickt jedoch Russ eine Reihe von Abschnitten voraus, welche die Zeit von Luzerns Gründung bis auf Rudolf von Habsburg umfassen, und deren Quellen verloren sind. Es bildet somit dieser erste und kürzere Theil der Chronik für uns einen Gegensatz zum umfangreicheren zweiten Theile, indem wir uns bei letzterm begnügen

---

[1]) Zugleich gehörte Etterlin zur französischen, Schilling aber zur kaiserlichen Partei.

können, die der Bernerchronik fremden Einschaltungen hervorzuheben und zu untersuchen, während im ersten Theile der ganze Inhalt zum Gegenstande der Untersuchung werden soll. Vorher aber wenden wir uns noch zu der Vorrede, welche Russ seiner Chronik vorangehen lässt.

Die Vorrede.

(Russ p. 1—9.[1])

Da Dittlingers Bernerchronik bis 1470 reicht, so würde sie vermuthlich, wenn Russ sein Werk zu Ende gebracht hätte, bis zu diesem Jahre dessen Grundlage bilden. Ueber die Burgunderkriege dagegen (1474 bis 1477) sahen wir oben, dass das Luzerner Rathsbuch, vermuthlich von der Hand von Russens Vater, amtliche Aufzeichnungen enthielt. Jedoch kannte Russ über jenen Krieg auch die lateinische Schrift[2]) des gelehrten Albrecht von Bonstetten, Dekans zu Einsiedeln, welche übrigens, wie die meisten Schriften Bonstettens, nur unter den Gelehrten einigermassen bekannt und verbreitet war.[3]) Diese Schrift benützte Russ in der Vorrede, welche er seiner Chronik vorausschickt.[4]) Diese Vorrede Russens ist nämlich in ihrer ersten Hälfte eine wörtliche Nachbildung der Vorrede Bonstettens, mit welcher Letzterer seine Beschreibung des Burgunderkrieges einleitet.[5]) An diese schliesst sich als zweite Hälfte, die Vorrede zur Bernerchronik, welche ursprünglich von Justinger herrührt;[6]) zum

---

[1]) Die Seitenzahlen, sowie alle Citate, beziehen sich auf die Ausgabe im »Geschichtsforscher« Bd. X.
[2]) Herausgegeben im »Archiv für Schweizergeschichte« Bd XIII.
[3]) Ueber Bonstettens Schriften s. G. Morell. im »Geschichtsfreund« Bd. 1.
[4]) Zuerst nachgewiesen von G. v. Wyss, im Anzeiger für Schweiz. Geschichte, Bd. VII, p. 28—30.
[5]) vrgl. Russ p. 1—5 mit Bonstetten p. 283—284, im »Archiv« Bd. XIII.
[6]) vrgl. Russ p. 5—8 mit Justinger p. 1—3 nach Studers Ausgabe.

Schluss fügt Russ noch einige Worte hinzu, welche offenbar dem Schlusse von Bonstettens Vorrede nachgebildet sind.¹) Wie Russ die Schrift Bonstettens zu seiner Vorrede benützte, so ist kaum zu bezweifeln, dass er dieselbe, wenn er sein Werk vollendet hätte, auch zur Fortsetzung desselben, nach 1470, würde ausgeschrieben haben. Bonstetten hatte seine Schrift lateinisch verfasst, jedoch schon selbst in's Deutsche übertragen. Russ aber kannte, soviel die Textesvergleichung der Vorrede ergiebt, nur die lateinische Ausgabe und übersetzte dieselbe neuerdings in's Deutsche. Da diese Uebersetzung eine wörtliche ist, so finden wir in Russens Vorrede, neben einander, die gelehrte und etwas schwülstige Sprache Bonstettens, und die einfache und schlichte Redeweise Justingers.

An diesen seinen beiden Vorlagen nahm Russ nur die allernothwendigsten Aenderungen vor. Die Widmung, welche Bonstetten an die Herzoge von Oestreich und Lothringen richtet, wendet er an **Schultheiss und Rath von Luzern**.²) Ebenso überträgt er das Lob, welches der Einsiedler Dekan jenen beiden Fürstenhäusern spendet, auf die mit Namen aufgezählten **Orte der Eidgenossenschaft**.³) In gleicher Weise begnügt er sich, in Justingers Vorrede, den Namen „Bern" jeweilen durch „Luzern", und „Rudolf Hofmeister", den Berner Schultheissen, durch „**Caspar von Hertenstein**" zu ersetzen.⁴) Auch das Datum „St. Vinzenzen Abend 1420", an welchem Justinger seine Arbeit begann, ändert er um in „St. Leodega-

---

¹) vrgl. Russ p. 9 mit Bonstetten p. 284.
²) vrgl. Russ p. 1 mit Bonstetten p. 283.
³) vrgl. Russ p. 5 mit Bonstetten p. 284.
⁴) vrgl. Russ p. 7 mit Justinger p. 2.

rien Abend 1482". Dieser genaue Anschluss an seine beiden Vorlagen ist auch die Ursache, warum Russ zuerst,[1]) dem Bonstetten folgend, „üwern wysen Cantzler" erwähnt, welcher die grossen Thaten „unlangist, klüglichen und zu ewigen Gedächtnussen ingeschriben" habe, und dennoch nachher daran erinnert,[2]) es habe die Stadt Luzern bisher „soliche jr Geschicht und Harkommenheit in Geschrift bei einander nit vollkommenlich gehept".

Beides ist allerdings insofern auf Luzern anwendbar, als in der That die Siege über die Burgunder schon im Luzerner Rathsbuch, wie wir sahen, durch den Stadtschreiber beschrieben waren, während andrerseits eine vollständige Luzernerchronik noch nicht vorhanden war. Immerhin aber ersehen wir im Allgemeinen aus dieser Vorrede, wie sehr sich Russ wörtlich an seine Quellen anschloss, und wie unbedenklich er auch die verschiedenartigsten Schriften herbeizog und aus ihnen sein Werk zusammensetzte.

Wie wir oben sahen, zählt Russ an einer Stelle seiner Vorrede die sämmtlichen Orte der Eidgenossenschaft mit Namen auf (p. 5). Wiewohl dieser Bund 1482, als Russ schrieb, erst 10 Orte zählte, so werden dennoch, in der ältesten Handschrift, schon die zwölf Orte genannt, wie sie, erst nach 1501, die Eidgenossenschaft bildeten. Zur Erklärung dieser Eigenthümlichkeit ist in neuerer Zeit auf Bonstetten hingewiesen worden.[3]) In der That enthält dessen Schrift, welche schon 1478, also noch zur Zeit der alten acht Orte, verfasst wurde, eine Stelle wo er zu den mit Namen aufgeführten acht Orten hinzusetzt: „adjunctis

---

[1]) vrgl. Russ p. 3 mit Bonstetten p. 283.
[2]) vrgl. Russ p. 6 mit Justinger p. 2, 12.
[3]) s. Russens Leben, von Th. v. Liebenau, am Schluss.

Basilea, Friburgo, Solothurn, ac aliis hujusce ligæ fide conjunctis civitatibus."¹) Er spricht also hier von den acht Orten und ihren Verbündeten, von welch letztern er nur drei mit Namen nennt. Von diesen drei traten schon 1481 **Freiburg** und **Solothurn** förmlich in die Eidgenossenschaft, und Russ konnte sie daher 1482 mit Recht als eidgenössische Orte nennen. Sobald wir jedoch annehmen wollen, dass diese Aufzählung in Russens Vorrede wirklich durch die obige Stelle bei Bonstetten beeinflusst sei, so bleibt es höchst auffallend, dass Russ, ausser Basel, gerade nur **Schaffhausen** als Verbündeten der Eidgenossen nennt. Uebrigens beruht der Versuch, diese Stelle bei Russ durch den Einfluss Bonstettens zu erklären, lediglich auf der **Voraussetzung**, dass die älteste noch erhaltene Handschrift von Russens Chronik wirklich des Verfassers **eigenhändige Urschrift** sei.²) Jedoch lassen sich in dieser Handschrift (soviel aus der Druckausgabe ersichtlich) verschiedene, den Sinn entstellende Fehler nachweisen, welche nur durch **Missverständniss** eines **Abschreibers** entstanden sein können. So lesen wir z. B. zweimal (p. 18 u. 23) „VON", wo Russ offenbar „VRE" (Uri) schreiben wollte; die eine dieser beiden Stellen (p. 18) ist, nach Russens eigenem Zeugniss (p. 17), aus dem Lateinischen übersetzt; das Missverständniss kann somit nicht von ihm herrühren. Wir müssen somit die fragliche Handschrift nur als die **Abschrift** von Russens eigenhändiger Arbeit betrachten; es lässt sich mithin die Aufzählung der zwölf Orte am einfachsten dadurch erklären, dass diese Abschrift **erst**

---

¹) s. Bonstetten p. 238.
²) Ueber diese Handschrift, welche sich zu Luzern im Privatbesitz befindet, s. **Schnellers** Vorrede zu Russ, im »Geschichtsforscher« Bd. X.

nach 1501, also nach Russens 1499 erfolgtem Tode, gefertigt wurde. Sobald somit diese Handschrift nicht mehr des Verfassers eigenhändiges Werk sein kann, so kann sie allerdings auch nicht mehr als entscheidender Beweis gelten, dass Russ seine Chronik nicht über 1412 hinaus fortgeführt habe. Da jedoch seine sonstigen Lebensverhältnisse, wie wir früher sahen, keineswegs die Vollendung seines Werkes vermuthen lassen, so haben wir auch keinen genügenden Grund zur Annahme, dass die Chronik je weiter gereicht habe als die erhaltene Handschrift.

Erster Theil.

(Russ p. 10—47.)

Diese bis 1412 reichende Chronik zerfällt, wie wir oben sahen, in zwei Theile, von welcher der erste bis auf Rudolf von Habsburg reicht. Dieser erste Theil beginnt mit dem Ursprung der Stadt Luzern, auf welchen zunächst die Verleihung der Harsthörner durch Karl den Grossen und sodann der Krieg zwischen Luzern und den Waldstädten folgt; den Schluss dieses ganzen Theiles bilden zwei Nachrichten über geistliche Stiftungen aus den Jahren 1223 und 1259. Ausserdem finden wir, zwischen die Verleihung der Harsthörner und den Krieg gegen die Waldstädte eingeschaltet, die solothurnische Ursuslegende, welche auf Luzern keinen Bezug hat.

Aehnlich wie bei Russ, wird der Ursprung Luzerns auch bei Etterlin, und überdiess noch in Schillings Luzernerchronik erzählt, und auch die Sage von den Harsthörnern finden wir wenigstens bei Etterlin wieder; der Krieg mit den Waldstätten dagegen fehlt sowohl bei Etterlin als bei dessen

Nachfolger Schilling. Indem wir nun alle diese drei Chronisten in den Bereich unserer Untersuchung ziehen, gehen wir zuerst bei dem ersten derselben, also bei Russ, die einzelnen Abschnitte durch und vergleichen die entsprechenden Theile seiner beiden Nachfolger, um auf diese Weise sowohl über **Russens muthmassliche Quellen**, als auch über das **Verhältniss der drei Chronisten untereinander**, einigen Aufschluss zu erhalten.

1. Luzerns Ursprung.

(Russ p. 10—22.)

Der erste Abschnitt von Russens Chronik trägt die Ueberschrift: „Wie die Statt Lutzern und das Gottshus im Hof harkummen und gebuwen sindt." Dieser Abschnitt beginnt, unter Berufung auf „etlich Geschriften", mit der Legende vom wunderbaren „Licht, oder Lutzern" (lucerna), welchem zu Ehren erst eine Kapelle, und später das „Stift im Hof" gegründet wurde, „von welchem Gottshus die Stadt Luzern erwachsen". Zum Schluss wird, mit wenigen Worten, noch der Uebergang der Stadt unter östreichische Herrschaft, ihre Bedrängung durch die Waldstädte und ihre schliessliche Verbindung mit Letztern erwähnt. Dieser erste Abschnitt leitet somit den Ursprung der Stadt vom Stifte im Hof her und berührt zugleich ihre fernern Schicksale bis zum ewigen Bunde mit den Waldstädten. Der folgende Abschnitt (p. 17) beschreibt nur die Lage der Stadt und rühmt ihre Vorzüge. Russ schickt ihm eine eigene kurze Vorrede voraus, in welcher er diesen Abschnitt als die **Uebersetzung eines lateinischen Gedichtes des Chorherrn Heinrich von Gundelfingen** bezeichnet. Das lateinische Original ist ver-

verloren.¹) Nach dieser Einschaltung kommt Russ, im dritten Abschnitt (p. 20), wieder auf den Ursprung Luzerns zurück: „Wie dass zwei Schlösser gegen einandern sind gsin, an der Rüss da ytz die Stadt Luzern ist." Während laut dem ersten Abschnitt die Stadt ihre Entstehung dem Stift im Hof verdankt und später an Oestreich übergeht, lagen, laut diesem dritten Abschnitt, schon vor Erbauung der Stadt, zwei Schlösser am Ausflusse des Sees, „die da Lehen warent von einem Hus von Oesterich". Wenn schon die Einschaltung von Gundelfingens Gedicht bezweifeln lässt, dass der erste und dritte Abschnitt ursprünglich zusammen gehörten, so werden wir durch obigen Widerspruch in unsern Zweifeln noch bestärkt. Wir haben daher beide Abschnitte gesondert, ohne Voraussetzung einer gemeinsamen Quelle, zu untersuchen.

Wie uns schon in der Vorrede und im Gedichte Gundelfingens, Uebersetzungen lateinischer Schriften begegneten, so trägt auch der erste Abschnitt (pag. 10) deutliche Spuren einer solchen wörtlichen Uebersetzung. Nur ein lateinischer Verfasser konnte das wunderbare Licht, welches der Stadt den Namen gab, kurzweg als ein brennend „Licht oder Luzern" (lux seu lucerna) bezeichnen; und nur ein wörtlicher Uebersetzer konnte sich bei der Uebertragung in's Deutsche, ohne weitere Erläuterung, mit diesem Wortlaute begnügen; überdiess trägt der Bau des ganzen Satzes unverkennbar ein lateinisches Gepräge. Ebenso werden in diesem Abschnitte die Waldstädte ausschliesslich mit dem sonst keineswegs gebräuchlichen Ausdruck „In-

---

¹) Ueberhaupt verdanken wir die Kenntniss dieses Gedichtes einzig diesem Abschnitte bei Russ. Gundelfingen starb 1491 (s. Schnellers Anmerkung zu Russ p. 17).

woner der Pirgen" bezeichnet, und diese Benennung ist offenbar die Uebersetzung von „montani", wie die Waldstädte gewöhnlich von den Chronisten (wie z. B. Johann von Winterthur und Felix Hemmerlin) genannt werden, oder aber von „intramontani", wie sie vorzugsweise in den Urkunden heissen (z. B. im „Geschwornen Brief" von 1252). Da übrigens die „Inwoner der Pirgen", also die Waldstädte, erst am Schlusse des Abschnittes erwähnt werden, so ersehen wir nebenbei hieraus, dass der ganze Abschnitt, von Anfang bis zu Ende, auf lateinischer Quelle beruht. Einzig die Schlussbemerkung zum Bunde Luzerns mit den Waldstädten (p. 16): „Sömlichs ich harnach wyter mein vergaffen" (lies „vergriffen"), kann möglicherweise erst von Russ hinzugefügt sein, da er später in seiner Chronik (p. 84) von diesem Bunde spricht. Auffallenderweise aber finden wir, nach dieser Bemerkung, den Anfang des ganzen Abschnittes von Wort zu Wort wiederholt: „Derselben Stadt Luzern" etc. (vrgl. p. 16 mit p. 10); erst bei den Worten: „harkommen ist", bricht Russ mit der Bemerkung ab: „als diss stot oben geschriben." Er scheint somit die lateinische Aufzeichnung, welche er zu diesem Abschnitte benützte, in zwei Redactionen vor sich gehabt zu haben, welche beide, in Bezug auf den Anfang, genau übereinstimmten; in wiefern sie im übrigen Inhalt ebenfalls identisch waren, können wir nicht wissen, so wie wir es auch dahingestellt lassen müssen, ob Russ diese zwei Redactionen an verschiedenen Orten, oder nebeneinander auf demselben Blatte fand. Ein Beispiel letzterer Art, wo zwei Redactionen eines und desselben Abschnittes sich unmittelbar folgen, finden wir in Schillings Luzernerchronik (p. 121). Jedenfalls war bei Russ diese Wiederholung eine unabsichtliche, indem er abbrach, sobald er seinen Irrthum bemerkte. Immerhin ersehen wir hieraus, dass die noch erhaltene Handschrift auf Russens erstem Entwurfe beruht. Da diese Wiederholung des Anfangs auch die Worte in sich begreift: „nachdem das in etlich Geschriften gelesen wird," so ist kaum zu bezweifeln, dass Russ diese Berufung schon in seiner Quelle vorfand, und dass sich somit der unbekannte Verfasser dieser lateinischen Aufzeichnung, wenigstens für den Anfang seines Berichtes, auf noch ältere Schriften berief. Diese Berufung (p. 10) bezieht sich zunächst auf das wunderbare Licht und den dadurch veranlassten Bau der St. Niklauskapelle, vom Jahre 630. Diese Jahreszahl ist zugleich die einzige dieses ganzen Abschnittes. Auf dieses Ereigniss folgt, in aller Kürze, die Gründung des Stiftes im Hof, und von dieser geht der Verfasser, ohne die murbachische Herrschaft zu erwähnen, sofort zur östreichischen Herrschaft über, und nennt die beiden Söhne König Albrechts mit Namen. Der unbekannte Verfasser hatte somit über die älteste Zeit, aus schriftlicher Quelle, einige genauere Angaben, während er über die murbachische Zeit, bis zum Ausgange des XIII Jahrhunderts, vollkommen im Dunkeln war. Dagegen zeigt er sich über das XIV Jahrhundert wieder besser unterrichtet, indem er schliesst: „ Und zuletzt ist diese obgenannte Stadt Luzern, als sie von Herzog Albrecht dem Lahmen, auch Herzog Fridrich, seinem Bruder, König Albrechts Söhnen, der zu Windisch erschlagen ward, beherrschet, aber nicht vast wohl beschirmt, durch die Inwoner der Pirgen, die sich wider ein Hus von Oesterich zu streiten unterstunden, durch viel Uebels gemüht, mit den jetzt genannten Inwoneren der Pirgen ein Gelüpt ingangen, und hat sich sömlicher

Herschaft ein klein entzogen." Der Verfasser lässt also
die Waldstädte, Oestreich gegenüber, als die Angreifenden erscheinen, und die Luzerner, durch ihr „Gelüpt"
mit den Waldstädten, sich der Herrschaft Oestreichs
nur „ein klein" entziehen. Diese Auffassung der Thatsachen entspricht keineswegs der Anschauungsweise der
Luzerner des XV Jahrhunderts, sondern gehört viel
eher noch in jene Zeit, als die Lostrennung Luzerns
von Oestreich zwar thatsächlich vollzogen, aber der
Form nach noch nicht vollendet war. Wenn wir nun
überdies den Ausdruck: „Und zuletzt" berücksichtigen,
so dürfte diese lateinische Aufzeichnung zwar nicht vor
dem Tode Herzog Albrechts des Lahmen (1358), aber
auch schwerlich später als der Sempacherkrieg (1386)
geschrieben sein. Der Verfasser, vermuthlich ein Geistlicher des Stifts im Hofe, sah offenbar ungern den Anschluss Luzerns an die Waldstädte, und scheint auch
an die Dauer dieses „Gelüptes" nicht geglaubt zu haben.

Es ist bemerkenswerth, wie dieser unbekannte Verfasser über alles, was vor dem XIV Jahrhundert geschah,
beinahe nichts berichtet. Wiewohl er sich zu Anfang
auf ältere Schriften beruft, ist dennoch der Bau der
St. Niklauskapelle (630) das einzige genau datirte Ereigniss; denn zur Gründung des Stiftes im Hof setzt er
nur die allgemeine Zeitbestimmung: „Darnach, by
Küngs Ludwigs von Frankrich Ziten," jedoch mit dem
irrigen Zusatze: „der ein Sun ist gewesen des grossen
Küngs Karlis." Diesen Irrthum müssen wir schon jenem Verfasser zuschreiben und können ihn keineswegs
als eine Zuthat unseres Chronisten Russ betrachten; denn
Letzterer kannte, wie wir sehen werden, die Sage von
der Verleihung der Harsthörner, laut welcher die Luzerner schon unter Karl dem Grossen zu Felde zogen.
Wenn er daher schreibt, dass das Kloster, welchem die

Stadt ihre Entstehung verdankt, erst unter Karls Sohn gegründet sei, so kann er diesen Irrthum nur aus Versehen, beim Abschreiben seiner Quelle, in seine Chronik aufgenommen haben. Umgekehrt aber können wir aus diesem Zusatze schliessen, dass der Verfasser der lateinischen Aufzeichnung die Sage von Kaiser Karl und den Harsthörnern noch nicht kannte. Auf diesen ersten Abschnitt folgt bei Russ, wie schon erwähnt, Gundelfingens Gedicht, welches beschreibt, wie die Stadt Luzern „gebuwen worden ist im nidersten Winkel des Sews, by dem Wasser genannt die Rüss". (p. 18.) Genau diese Ausdrücke wiederholt Russ im folgenden Abschnitt (p. 20), wo er offenbar an das Vorhergehende anknüpft, indem er beginnt: „Aber vor und ee die Statt Lutzern gestift und gebuwen worden ist im nidersten Winkel des Sews, by dem Wasser die Rüss," da hätten „zwei Schlösser oder Roubhüser" an den beiden Ufern des Flusses gestanden, „die da Lehen warent von einem Hus von Oesterich," und dem Landvogte dieser Herrschaft alljährlich eine Anzahl Fische entrichten mussten, „nach Lut und Sag etlicher Schirmbriefen, so dieselbigen Schlösser inhattent." Indem er nun fortfährt: „Dieselbigen Ronbhüser noch uffrecht standt," schliesst er diesen Abschnitt mit der genauen Bezeichnung der beiden noch vorhandenen Häuser, wie sie zum Jahre 1482 stimmt, als Russ schrieb. Wir erfahren somit aus diesem Abschnitte nicht viel mehr, als dass an zwei Häusern des damaligen Luzern die Sage haftete, dass sie älter als die übrige Stadt, und einst östreichische „Ronbhüser" gewesen seien.

Diesen spärlichen Mittheilungen unseres Chronisten liegt offenbar dieselbe Sage zu Grunde, welche wir bei Tschudi, nur in späterer Gestalt, ausführlich erzählt finden und deren Spur wir schon vor Russ, in Felix

Hemmerlins sagenhafter Erzählung von Luzerns Anschluss an die Waldstädte, wahrnehmen können. Letzteres Ereigniss wird nämlich, bei Hemmerlin,[1]) mit der Zerstörung des Schlosses Rothenburg in Verbindung gebracht: Auf diesem Schlosse wohnte Grünenberg, der Vogt, welchen „der Graf von Habsburg" über Luzern gesetzt hatte: dieser Vogt aber hatte auch in Luzern, mitten in der Stadt, ein Haus, dessen Zerstörung derjenigen Rothenburgs vorausgieng: „.... oppidani mox domum baronis, in medio oppidi locatam, et consequenter castrum Rotenburg destruxerunt." Es ist kaum zu bezweifeln, dass Hemmerlin, der gelehrte und östreichisch gesinnte Zürcherchorherr, alles, was ihm an der volksthümlichen Sage unwahrscheinlich schien, unbedenklich nach seinem Sinn umgestaltete oder gänzlich beseitigte, und mithin aus zwei „Raubhäusern" mitten in der Stadt, welche dem östreichischen Landvogte zuständig waren, kurzweg ein diesem Vogte gehöriges Haus machte. Wir können somit, wenn wir Hemmerlin und Russ zusammenstellen, auf das Vorhandensein einer ältern Luzernersage schliessen, welche von zwei mitten in der Stadt gelegenen östreichischen Zwingburgen oder „Roubhüsern" sprach, deren Zerstörung mit derjenigen Rothenburgs zusammenhieng. Diese ältere Sage, wie sie Hemmerlin schon um 1450, also noch keine 70 Jahre nach der historischen Zerstörung Rothenburgs (1385), vorfand und umgestaltete,[2]) konnte schon unserm Russ nicht mehr glaubwürdig erscheinen. Denn Russ wusste wohl, wie sich aus seiner Chronik (p. 175) ergiebt, dass Rothenburg von den Luzernern erst 1385

---

[1]) Im Dialogus de Nobilitate, abgedr. im Thesaurus histor. helvet. p. 2.
[2]) Aus Hemmerlin gieng diese Sage nach 1487 in Fabri's Historia Suevor über (abgedr. bei Goldast p. 143).

zerstört wurde und dass Letztere damals schon seit mehr als 50 Jahren (seit 1332) Eidgenossen der Waldstätte waren, also jedenfalls in ihrer Stadt schon längst keine östreichischen Zwingburgen mehr duldeten. Desshalb finden wir bei Russ sozusagen nur noch Spuren der Sage: er erwähnt nur das hohe Alter der Schlösser und ihr Verhältniss zur östreichischen Herrschaft, und wenn er sie „Schlösser oder Roubhüser" nennt, so können wir aus letzterm Ausdruck nur errathen, dass die Sage von Gewaltthaten der Schlossbewohner sprach. Russ selbst aber legt auf diesen Ausdruck offenbar kein Gewicht, sondern gebraucht ihn nur nebenbei, als eine nun einmal hergebrachte Bezeichnung, auf deren Begründung er sich nicht weiter einlässt.

Diese Sage von den zwei Raubschlössern und ihrer Zerstörung, welche schon Russ nicht mehr zu erzählen wagt, scheint bald nach ihm eine neue Gestalt erhalten zu haben, in welcher sie noch einige Zeit fortleben konnte. Schon zu Russens Zeiten, wie wir sehen werden, schätzten die Luzerner ihre Harsthörner als ein Geschenk Karls des Grossen; auf ihn wurde bald auch die Zerstörung der zwei Raubschlösser bezogen, und in dieser erneuerten Gestalt finden wir die Sage bei Tschudi erzählt. Laut Letzterm [1]) dienten die zwei Thürme unter den fränkischen Königen, zur Zeit als das Stift im Hof gegründet wurde zur Erhebung des königlichen Zolles; sie wurden jedoch „mit der Zeit" zu „Roubhüsern", bis die Luzerner, auf ihre Klagen hin, vom Kaiser Karl ermächtigt wurden, sie zu zerstören und ihre gewaltthätigen Bewohner hinzurichten. Vergleichen wir diese Erzählung bei Tschudi mit der ältern Sage, deren Spuren wir bei Hemmerlin und Russ begegneten, so finden wir

---

[1]) s. Gallia comata p. 148.

bei Tschudi dieselben zwei Raubschlösser, wie bei Russ, und dieselbe Zerstörung durch die Luzerner, wie bei Hemmerlin; einzig die östreichische Herrschaft, welche die beiden ältern Berichte erwähnen, ist bei Tschudi beseitigt, indem die Zerstörung schon in die Zeiten Karls des Grossen hinaufgerückt wird.

Diese neuere Gestaltung der Sage kannte Russ noch nicht; er musste sich daher mit dem Wenigen begnügen, was ihm an der alten Sage noch haltbar schien, nämlich mit dem hohen Alter der Schlösser und ihrem Dienstverhältniss zu Oestreich. Beide Gebäude, an welchen die Sage haftete, scheinen zu Russens Zeiten wirklich schon sehr alt gewesen zu sein. Das eine Haus (auf dem linken Ufer der Reuss) war ursprünglich Synagoge,[1]) und Russ selbst sagt, dass es früher der „Judenthurm" geheissen habe; es war also jedenfalls ein schon sehr altes, thurmartiges Steingebäude. Das andere Haus (auf dem rechten Ufer) war die Amtswohnung des Stadtschreibers, und mithin sowohl dem Russ als dem Etterlin genau bekannt. Auch dieses Gebäude muss nun 1482, als Russ schrieb, schon alt und baufällig gewesen sein; denn wir erfahren aus Etterlin,[2]) dass es bald nachher umgebaut wurde. Es mochte daher das alterthümliche Aussehen dieser zwei Steingebäude, mitten in dem noch grossentheils in Holz gebauten Luzern des XV Jahrhunderts, die Veranlassung sein, dass sich an diese zwei Häuser jene Sage knüpfte; und dieses Aussehen mochte auf unserm Chronisten wenigstens als ein Beweis ihres angeblichen hohen Alters dienen. In gleicher Weise fand Russ für einen andern Zug der Sage, nämlich für das Verhältniss der zwei Schlösser zu Oestreich, eine Bestätigung darin, dass diese Schlösser „alle Jare ze geben

---

[1]) s. Schnellers Anmerk. zu Russ p. 122.
[2]) Etterlin p. 9 in Sprengs Ausgabe.

schuldig warent einem Landvogt des Herzogen von Oesterich, Fisch die da genempt sind Balhan, nach Lut und Sag etlicher Schirmbriefen, so dieselbigen Schlösser inhattent". Diese Angabe finden wir indirect bestätigt durch das zwischen 1303 und 1309 durch Burkhard von Frick zusammengetragene östreichische Urbar,[1]) wo wir lesen: „Die Rechtung ze Luzern: Da sind hofstette die ouch in das amt horent, die geltent ze zinse 16 balchen." Vermuthlich waren auch die fraglichen zwei Häuser, oder wenigstens die Stadtschreiberei, im XIV Jahrhundert eine solche Hofstatt gewesen. Solche östreichische Gefälle hörten zu Luzern thatsächlich schon im Verlaufe jenes Jahrhunderts auf. Möglicherweise aber sah noch der Stadtschreiber Russ, oder unser Chronist selbst, irgend eine Urkunde, welche diese Zinspflicht erwähnte.

Jedenfalls bedurfte Russ zum vorliegenden Abschnitte, ausser einer solchen Urkunde, keiner andern schriftlichen Quelle, wie denn überhaupt der Inhalt dieses Abschnittes mit der früher erwähnten lateinischen Aufzeichnung offenbar nichts gemein hat. Es bleibt somit diese Letztere als der einzige ältere Bericht, welchen Russ über den Ursprung Luzerns kannte. Er fügte an denselben das Gedicht Gundelfingens, welches nichts erzählt, sondern nur beschreibt, und setzte ausserdem, als dritten Abschnitt, noch das Wenige hinzu, was ihm an der Sage von den zwei Schlössern glaubwürdig schien.

Etterlin.

Von diesen dürftigen Nachrichten, welche Russ über den Ursprung Luzerns zusammenträgt, finden wir das

---

[1]) Theilweise abgedr. im Geschichtsfreund VI, p. 52.

Wesentliche auch bei Etterlin;[1] während er das Gedicht Gundelfingens aus begreiflichen Gründen weglässt, wiederholt er die beiden andern Abschnitte Satz für Satz. Im erstern[2] finden wir die Spuren, welche noch bei Russ die lateinische Quelle aus dem XIV Jahrhundert verrathen, bei Etterlin theilweise schon verwischt; so sagt er z. B. vom Bunde Luzerns mit den Waldstätten kurzweg: „und sich der Herrschaft entzugent," während sie sich bei Russ, wie wir sahen, nur „ein klein" entziehen. Ausserdem aber ändert Etterlin an diesem Abschnitte die einzige Jahreszahl, welche überhaupt dieser Theil von Russens Chronik enthält, und ersetzt 630 durch 503. Diese letztere Zahl wurde schon frühe, von unbekannter Hand, an der Stiftungsurkunde des Stiftes im Hof ergänzt und galt lange Zeit für ächt, wiewohl das Kloster thatsächlich erst 695 gegründet wurde.[3] Auf jener Stiftungsurkunde mit irriger Jahreszahl beruht auch die kurze Notiz, welche sich in der Zürcherchronik über diese Stiftung zu Luzern findet;[4] jedoch lassen wir es dahingestellt, ob Etterlin die Jahreszahl 503 aus dieser Zürcherchronik entnahm, oder direct aus der Luzerner Urkunde kannte. Jedenfalls ist diese Zahl das Einzige, was hier auf die Benützung der einen oder der andern dieser Quellen kann gedeutet werden; denn von ihrem Texte findet sich sonst keine Spur. Diese Jahreszahl 503, welche sich sowohl in der Urkunde als in der Zürcherchronik auf die Gründung des Stiftes im Hof bezieht, setzt Etterlin an die Stelle von 630, welche Zahl bei

---

[1] p. 8 - 9 in Sprengs Ausgabe.
[2] vgl. Etterlin p. 8 mit Russ p. 10—16.
[3] Schnellers Anmerkung zu Russ p. 11, No. 11; und Segesser: Rechtsgeschichte I. p. 4.
[4] abgedr. in d. Mittheilungen der Zürcher Antiquar. Gesellschaft II, p. 49.

Russ lediglich den Bau der St. Niklauskapelle betrifft. Dadurch erscheint letzterer Bau bei Etterlin mit 503 datirt, während die Gründung des Stiftes im Hof, wie bei Russ, erst „darnach" erfolgt; die nähere Zeitbestimmung aber: „by Küng Ludwigs von Frankrich Ziten, der ein Sun ist gewesen des grossen Küngs Karlis," lässt Etterlin weg. Der oben gerügte Widerspruch bei Russ, zwischen dieser Zeitbestimmung und der Sage von den Harsthörnern, mochte auch für Etterlin der Beweggrund sein, dass er sich mit dem unbestimmten „darnach" begnügte.

Da Etterlin 630 durch 503 ersetzt hat, so thut er dasselbe auch mit dem heiligen Gallus und dem Kaiser Heraclius, welche bei Russ zum Jahre 630 als Zeitgenossen genannt werden, und ersetzt sie durch „Benedictus" und den Kaiser „Mauritius", welche zu 503 stimmen sollen. Auf letztern Kaiser verfiel er vermuthlich dadurch, dass er in Königshovens Kaiserchronik sein Todesjahr statt 603 [1]) 503 las. Dass er nämlich den Königshoven zu Rathe zog, ergibt sich aus dem kurzen Abschnitte über Kaiser Mauritius, den er zwischen die beiden, dem Russ entnommenen Abschnitte einschaltet und dessen Inhalt sich auf jene Quelle zurückführen lässt.[2]) Ebenso finden wir später (p. 11) hinter dem Abschnitte von Karl dem Grossen und den Harsthörnern einen kurzen Abschnitt über Ludwig, Karl des Grossen Sohn, welcher offenbar dem Königshoven entnommen ist.[3])

Ausser der Jahreszahl 503 und der Herbeiziehung Königshovens haben wir in diesem ersten Abschnitte nur noch eine einzige Zuthat zu erwähnen. Während Russ

[1]) Deutsche Städtchroniken Bd. VIII, p. 390 i. d. Anmerkung.
[2]) Ibid. p. 389 u. 390.
[3]) Ibid. p. 410.

(p. 13) nur sagt, die Stadt sei „durch einen Gegenwechsel" an Oestreich gekommen, geschah laut Etterlin dieser Wechsel: „nach vil vergangnen Sachen des Gotzhusses." Dieser Zusatz zeigt uns allerdings, dass Etterlin von dem Ausgange der Murbachischen Herrschaft einiges wusste, wovon sich bei Russ nichts findet. Es wäre jedoch grundlos, aus dieser Andeutung schliessen zu wollen, dass er neben Russ hier noch eine andere schriftliche Quelle müsse vor sich gehabt haben; übrigens werden wir auf diese Frage zurückkommen bei Schilling, welcher ebenfalls hierüber mehr wusste, als was bei Russ zu lesen ist.

Im Abschnitte von den zwei Schlössern[1]) passt Etterlin selbstverständlich die Bezeichnung der beiden Häuser der Zeit an, in welcher er selbst schrieb, d. h. dem Jahre 1505: im Uebrigen sagt er in diesem Abschnitte genau dasselbe, was Russ. Auch bei ihm bleibt der Ausdruck „Roubhüser" als eine conventionelle Bezeichnung, welche er ebenso wenig zu begründen sucht, als sein Vorgänger; im Gegentheil bildet die einzige Ergänzung, welche Etterlin hier anbringt, zu dieser hergebrachten Benennung einen seltsamen Gegensatz. Er bemerkt nämlich zur östreichischen Zinspflicht, für welche sich Russ auf die „Schirmbriefe" beruft, noch weiter: „Desglichen muosten sy alle Jar geben dem Gotzhuse zuo Lutzern 8 Balchen." Diese Ergänzung ist ebensowenig als unhistorisch zu verwerfen, als Russens Nachricht von der Zinspflicht an Oestreich. Denn sowohl unter östreichischer Herrschaft als später hatte das Stift im Hof noch vielfache Rechte und Gefälle im Innern der Stadt, welche erst durch den sog. Generalauskauf von 1479 sämmtlich an die Stadt über

---

[1]) vgl. Etterlin p. 9 mit Russ p. 20—22.

gingen.[1]) So gehörte namentlich das Fischrecht noch fortwährend theilweise dem Stift;[2]) und ebenso nahm 1367 urkundlich die Stadt dasselbe Haus, welches im XV Jahrhundert als Stadtschreiberei diente, vom Stifte zu Lehen.[3]) Zudem waren für Zinse, welche in Fischen entrichtet wurden, immer Zahlen üblich, welche durch 8 theilbar waren, also 8, 16 u. s. w. Es hat daher die Angabe Etterlins, welcher das eine Haus und seine Verhältnisse sehr wohl kennen musste, an und für sich nichts Unwahrscheinliches, so sehr auch diese historische Zinspflicht an das „Gotteshaus" gegen die sagenhafte Bezeichnung als „Roubhus" contrastiren mag. Es sei hier noch bemerkt, dass vermuthlich diese Angabe Etterlins zu Grunde liegt, wenn Tschudi in der schon erwähnten Erzählung (Gallia, p. 148) noch hinzufügt: „An dieselben Vestinen müssen (lies: mussten) die Fischer jährlich 800 Belchen geben."

An diesem Abschnitt von den zwei Schlössern, den er bei Russ gefunden, knüpft Etterlin die Widerlegung und Berichtigung einer andern Sage vom Ursprung der Stadt: „Nun spricht man und ist eine gemeine Sag, die Statt Luzern sye vor gestanden am Meggenhorn, das man noch hüt bytag nennet die alt Statt; des aber ich in dheinen alten Gestein noch Historien nit" (lies: vinde). Nach seiner Ansicht ist diese Bezeichnung „zur alten Statt" nur verdorben aus „zum alten Stad," indem vor Zeiten die Lastschiffe nicht bis zur Stadt selbst, sondern nur bis zu jener Stelle gelangen konnten. Er vermuthet nämlich, gestützt auf die jetzige Beschaffenheit des Seebeckens, dass der Seespiegel früher niederer gewesen und erst später in Folge von allerlei Bauten in

---

[1]) s. Segesser, Rechtsgeschichte des Canton Luzern I, p. 165.
[2]) Ibid. p. 107, N. 2.
[3]) Ibid. p. 164, N. 1.

der Stadt, namentlich der Mühlen¹) in der Reuss, merklich gestiegen sei. Diese an und für sich nicht so grundlose Vermuthung finden wir jedoch bei Etterlin in einer Weise ausgemalt, welche sie schon als eine sagenhafte Uebertreibung erscheinen lässt, indem er nach der oben angeführten Stelle fortfährt: „Ich vind aber wol dass vor Ziten, ee die Stadt ganz erbuwen, der See nit witer gangen ist dann bis an dasselb Ende, und warend von dieser Statt zuo beiden Syten hinuff hüpsch Matten und Velder, und rann die Rüss in einem Rünss durch die Matten her yn." Wenn wir den Ausdruck: „Ich vind" berücksichtigen, so scheint sich Etterlin hier auf eine ältere Schrift zu berufen, welche von gewaltigen Bodenveränderungen sprach. Er brauchte jedoch nur **von seiner Vermuthung auszugehen**, dass die Schiffe vor Zeiten schon am „alten Stad" landen mussten, so konnte er schon in **Russens Chronik** eine, allerdings nur scheinbare Bestätigung seiner Ansicht finden. Dort wird nämlich (p. 29 ff.) im Kriege Luzerns mit den Waldstädten ein Angriff der Letzteren gegen die Stadt erzählt, wo die Feinde schon in einiger Entfernung von der Stadt ihre Schiffe verlassen und „by den neehsten Matten" sich sammeln, jedoch **vor der Stadt** von den Luzernern zurückgeschlagen, zu ihren Schiffen zurückkehren. Für eine **schon vorgefasste Meinung** mochte dieser Bericht wohl als Bestätigung erscheinen, so dass Etterlin schreiben konnte: „Ich vind." Wir haben somit auch hier keine andere Quelle vorauszusetzen als den Russ.

Schilling.

Ueber den Ursprung Luzerns hat auch Etterlins

---

¹) Diese Mühlen kommen schon 1278 urkundlich vor; s. Geschichtsfreund I, p. 201.

jüngerer Zeitgenosse Schilling zwei Abschnitte, von welchen der erste (p. 2) von der Gründung des Stiftes im Hof handelt. Dieser ist die wörtliche Wiederholung des ersten Abschnittes bei Etterlin (p. 8); einzig der Schluss ist weggelassen, welcher vom Uebergang an die östreichische Herrschaft und vom Anschluss an die Waldstätte spricht. Statt dessen folgt die Uebersetzung der oben erwähnten Stiftungsurkunde. — Der zweite Abschnitt (p. 3) trägt die Ueberschrift: „Wie Luzern die Stadt gebuwen und nach langem Küng Rudolfen von Habsburg verkauft ward." Derselbe beginnt mit der Sage von den zwei Schlössern, wörtlich nach Etterlin (p. 9); einzig zu der Bezeichnung als „Lehen von einem Hus von Oesterich," ergänzt Schilling: „also an Wickardum kommen." Er erklärt sich also die doppelte Zinspflicht der Schlösser an Oestreich und an das Stift, wie er sie bei Etterlin vorfand, durch die Annahme, es seien diese Schlösser von Oestreich an den Gründer des Stiftes, d. h. an Herzog Wichard, gelangt, und hierauf, mit den Gütern des Letztern, an das Stift selbst. Auch Etterlins Erörterungen über das „alte Stad" finden wir wörtlich wiederholt, jedoch erst am Schlusse dieses zweiten Abschnittes (p. 5). Vorher finden wir noch, im Anschluss an die Sage von den zwei Schlössern, eine kurze Uebersicht über die Geschichte Luzerns bis zum ewigen Bunde mit den Waldstädten. Es entspricht also dieser Theil des zweiten Abschnittes bei Schilling dem Schlusse des ersten Abschnittes bei Etterlin und Russ; eben dieser Theil aber ist es, wo Schilling sich von seinen beiden Vorgängern durchaus unabhängig zeigt und ihre Angaben ergänzt und berichtigt.

Während Russ und Etterlin die Murbachische Herrschaft mit keiner Sylbe erwähnen, sondern die Stadt kurzweg durch „einen Wechsel" an Oestreich kommen lassen, zeigt sich Schilling über diesen Herrschaftswechsel theilweise genauer unterrichtet. Er weiss nämlich, dass der Abt von Murbach, von Schulden gedrängt, von der Stadt eine Steuer von 260 Mark erhob und dagegen urkundlich versprach, „das Gotzhus und die Stadt niemerme ze versetzen noch ze verkoufen." — „wie noch darumb dieselben Brief im Wasserturm, und Abgeschrift derselben Briefen in des Kapitels Kasten im Hof funden wird." Er meint hier offenbar die Urkunde Abt Berchtolds von Falkenstein, vom 11. April 1285.[1]) Ferner weiss Schilling, dass bald nachher „derselbe Abt", ungeachtet seines Versprechens, die Stadt Luzern sammt fünf Dörfern im Elsass um 2000 Mark an König Rudolf verkaufte: „Also kam Luzern durch ein falsch Verkaufen in der Herrschaft Hand." Auch über diesen Verkauf finden sich seine Angaben durch die Urkunde vom 16. April 1291 [2]) bestätigt. Jedoch ungeachtet dieser Uebereinstimmung ist eine directe Benützung der Urkunden von 1285 und 1291 hier sehr zu bezweifeln. Mit Ausnahme des „Küng Rudolf", werden die Personen, welche in diesen Verträgen mit Namen genannt werden, bei Schilling nur allgemein bezeichnet: „der Abt von Murbach", und „zwei junge Herren von Oesterich." Namentlich aber vermissen wir bei ihm die Jahreszahlen; während aus den Daten der beiden Urkunden deutlich hervorgeht, dass zwischen beiden Verträgen volle sechs Jahre verflossen, bemerkt Schilling zum Vertrage von 1285: „und also hielt der Abt von Murbach „das nit lenger dann anderhalb Jar by Ziten Küng Rudolfs". Wenn nun Schilling, neben dieser Unkenntniss der Daten

---

[1]) Abgedr. im Geschichtsfreund I. p. 205.
[2]) Abgedr. im Geschichtsfreund I, p. 208.

und Jahrszahlen, sich in Bezug auf die bezahlten Geldsummen genau unterrichtet zeigt, so können wir aus dieser theilweisen Genauigkeit noch keineswegs auf Benützung schriftlicher Quellen schliessen. Denn es ist eine bekannte Erscheinung, dass Geldsummen in der Regel weniger leicht vergessen werden als Jahreszahlen. Umgekehrt aber sind die Daten und Jahreszahlen gerade dasjenige, was die ältern Chronisten, wenn sie Urkunden benützen, am allerwenigsten übergehen. Wir dürfen daher an der Annahme festhalten, dass Schilling die beiden Urkunden nicht selbst benützte, sondern nur aus mündlicher Ueberlieferung von ihrem Vorhandensein und ihrem theilweisen Inhalte wusste.

Noch deutlicher aber, als hier, erscheint die mündliche Ueberlieferung als Schillings einzige Quelle in dem Wenigen, was er über die Murbachische Herrschaft vorausschickt. Denn auf Wichardus und Allwicus, welche schon in der Stiftungsurkunde als Gründer des Stiftes im Hof genannt werden, kamen „demnach etlich Münch dahin, die vast übel Hus hatten". Desshalb nun, weil das Kloster dem Benedictiner-Orden angehörte, „fuhr ein Abt von Murbach zu und brachte so viel durch Hilf König Rudolfs zuwege," dass ihm „ein Bischof von Constanz" das Kloster sammt allen Herrschaftsrechten übergab. Dieser Abt aber ist derselbe, welcher nachher Luzern an König Rudolf verkauft. Vergleichen wir nun diese Angaben Schillings mit der urkundlichen Geschichte, so finden wir allerdings, dass derselbe Abt Berchtold, welcher 1291 die Stadt an Oestreich verkaufte, bei seinem Regierungsantritt, als Abt von Murbach, über das empörte Luzern thatsächlich keine Gewalt hatte, sondern erst 1262[1]) die Bürger wieder zur Anerkennung

---

[1]) Die Urkunde abgedr. bei Kopp: Urkunden zur Geschichte der eidgen. Bünde. p. 15.

der Murbachischen Herrschaft brachte. Von dieser geschichtlichen Thatsache aber finden wir bei Schilling, wie oben von den Verträgen von 1285 und 1291, nur noch die getrübte Ueberlieferung. Schon bei Etterlin (p. 8) sahen wir, dass er über die Schicksale des Stiftes im Hof etwas mehr muss gewusst haben, als was er bei Russ vorfand, und desshalb hinzusetzte: „nach vil vergangnen Sachen des Gottshuses." Bei Schilling aber, welcher als Geistlicher längere Zeit die Laienpfründe [1]) im Hof inne hatte, ist wohl vorauszusetzen, dass er einiges Näheres über die Murbachische Herrschaft und über noch vorhandene und aufbewahrte Urkunden vernommen habe. Wenn nun, ungeachtet seiner persönlichen Beziehungen, seine Angaben, namentlich über den Ursprung der Murbachischen Herrschaft, das Gepräge sagenhafter Ueberlieferung tragen, so ist hier daran zu erinnern, dass schon 1415 die Chorherren des Stiftes im Hof, als sie nach Constanz an's Concil schrieben, über die Entstehung jener Herrschaft nur Sagen kannten.[2]) Es kann daher nicht befremden, wenn auch Schilling, sowohl über den Ursprung der Murbachischen Herrschaft zu Luzern, als über die Abtretung dieser Stadt an Oestreich, nur unsichere Ueberlieferungen niederschreibt. Zum Schlusse bemerkt er noch von der östreichischen Herrschaft zu Luzern: „Da hieltend sich der Herrschaft Vögt sollichermass mit ihnen," dass sie „nach viel schweren Kriegen, der Gans und dem Fuchs," sich mit den drei Waldstädten ewig verbanden. Wie sich aus der schon erwähnten Schrift Hemmerlins[3]) ergibt, so erzählte, im XV Jahrhundert, die Sage auch zu Luzern, wie in den Waldstädten, von der Will-

---
[1]) s. Schillings Leben, von Th. von Liebenau, p. 4 u. 5.
[2]) s. Segesser: Rechtsgeschichte I. p. 22. N. 3.
[3]) Dialogno de Nobilitate, abgedr. in Thesaurus histor. helv. p. 2.

kür der östreichischen Vögte. In gleicher Weise lebte auch der Krieg mit den Waldstätten[1]) in der Erinnerung fort, und selbst die Namen der beiden Schiffe „Fuchs und Gans" wurden noch um die Mitte des XV. Jahrhunderts, im Kriege gegen Zürich, auf neugebaute Schiffe übertragen.[2]) Uebrigens sind diese Ueberlieferungen vom Kriege mit den Waldstädten für Schilling hier offenbar Nebensache und werden daher sozusagen nur angedeutet; die Hauptsache bleibt für ihn die Abtretung Luzerns von Murbach an Oestreich. Desshalb schliesst er (p. 5), nachdem er noch Etterlins Erörterungen über das „alte Stad" hat folgen lassen, den ganzen Abschnitt mit den Worten: „Und ist die loblich Stadt nit durch ein Wechsel, als etlich schribend, an ein Hus Oesterich, sunder daran kommen, wie obgemeldet stat, da sie mit Vögten überladen und genötiget wurden, das nit was ze liden." Dieses Schlusswort zeigt uns genugsam, was ihn veranlasst hatte, die Berichte seiner beiden Vorgänger zu ergänzen. Den „Wechsel" hatte schon Russ in seiner lateinischen Quelle vorgefunden; ihr unbekannter Verfasser hatte sich mit dieser kurzen Andeutung begnügt, sei es, dass er wirklich das Nähere nicht wusste, oder absichtlich darüber weggieng. Russ aber mochte, den schwankenden Ueberlieferungen gegenüber, den kurzen Wortlaut jener alten Aufzeichnung vorziehen, und auch Etterlin begnügte sich, neben dem Texte seines Vorgängers, mit der kurzen Andeutung: „nach vil vergangnen Sachen des Gottshuses." Die mündliche Ueberlieferung dagegen bezeichnet die Abtretung Luzerns an Oestreich als eine unrechtmässige, und diese Anschauung brachte Schilling in seiner Chronik zur Gel-

---

[1]) Ueber die Darstellung bei Russ s. unten p. 139 ff.
[2]) s. Tschudi's Chronik II, p. 449.

tung, indem er hervorhebt, wie die Stadt nicht durch
einen „Wechsel", sondern „durch ein valsch Verkoufen"
an Oestreich gelangt sei. Der Unterschied zwischen ihm
und Etterlin beruht somit wesentlich darin, dass Schilling die mündliche Ueberlieferung herbeizog und
zur Berichtigung seines Vorgängers benützte.

2. Karl der Grosse und die Luzerner.
Nach Russ und Etterlin.

Nachdem wir gesehen, wie Russens Bericht über den
Ursprung Luzerns zunächst auf Etterlin und durch diesen mittelbar auf Schilling übergieng, gehen wir über
zum folgenden Abschnitte bei Russ (p. 22): „Wie die
von Luzern erworben handt Heerhörner oder
Harschhörner zu führen." Unter dieser Ueberschrift
erzählt Russ, „als die waren Historien sagent," einen
811 datirten Feldzug König Karls gegen die Heiden zu
„Salimdecran" (lies: Salon de Crau) bei Arles, an den
Rhonemündungen. Das Hauptgewicht legt der Erzähler
auf zwei Wunder, welche durch König Karls Gebet
bewirkt werden: nicht nur tritt „das Meer" zurück, damit das christliche Heer an die Heiden gelangen kann,
sondern nach dem blutigen Kampfe werden die gefallenen Christen „von Gott und den Engeln" begraben. Den
Schauplatz beider Wunder hat der Verfasser besucht;
denn er sagt vom nunmehr trockenen Meeresboden (p. 23):
„darüber ich selbs persönlich geritten bin," und ebenso
beschreibt er (p. 24) die Gräber zu Arles, mit der Bemerkung: „das ich gesehen hab, so wol zu glouben ist,
etlicher Luzerner, Urner oder Schwitzer von Gott ouch
da bestattet syen." Erst auf diese Bemerkung des Er-
zählers, welche den Luzerner verräth, folgt die Verleihung der Harsthörner an Luzern und die Auszeichnung

der Panner von Uri und Schwyz, welche mit obigem Feldzuge in Verbindung gebracht werden.

Dasselbe, was hier Russ von sich sagt, behauptet auch Etterlin von sich selbst, mit Nennung seines Namens, im entsprechenden Abschnitt seiner Chronik (p. 10). Es kann daher gefragt werden, ob wir wirklich Beiden auf's Wort glauben sollen, oder ob nicht bei dem Einen oder Andern, oder gar bei Beiden, ein Irrthum vorliege, um so mehr, als bis jetzt weder für Russ noch für Etterlin eine Reise sonst nachweisbar ist, welche sie in jene Gegend geführt hätte. Allerdings sehen wir, wie Russ in seiner Vorrede alles, was seine Vorbilder Justinger und Bonstetten von sich sagen, wörtlich abschreibt und auf sich selbst überträgt. Jedoch war das, was Justinger von sich sagt, wirklich in gewissem Sinne auch auf Russ anwendbar, indem er in der That für Luzern dasselbe sein wollte, was jener für Bern war; es entstund also aus der wörtlichen Entlehnung von Justingers Aeusserungen thatsächlich keine Unwahrheit. Andrerseits lässt sich in Russens Chronik kein einziges Beispiel solcher Gedankenlosigkeit nachweisen, dass er beim wörtlichen Ausschreiben einer Quelle auch eigene Erlebnisse des betreffenden Verfassers mit herübergenommen hätte. Wir dürfen daher unbedenklich den Ausdruck: „das ich gesehen hab," auf unsern Chronisten selbst beziehen, um so mehr, da eine solche Reise, wenn wir die Sitten der Zeit berücksichtigen, keineswegs als etwas Ungewöhnliches erscheint. Neben dem heiligen Grab zu Jerusalem war auch das Grab des Apostels Jakobus in Spanien das Ziel mancher Pilgerfahrt aus der Eidgenossenschaft.[1]) So kurz oft der Aufenthalt

---

[1]) Beispiele s. in Schillings Luzernerchronik p. 120 u. 132, und namentlich in Schönbrunners Tagebuch (abgedr. im Geschichtsfreund XVIII, p. 220 ff.) die Reise von 1531.

am Ziele war, so wurde dagegen die Hin- und Rückreise durch Frankreich benützt, um Land und Leute kennen zu lernen; desshalb wurden verschiedene Wege, und nicht immer die kürzesten, eingeschlagen. Wie andere Luzerner, so mochte auch Russ, welcher einer wohlhabenden Familie angehörte, sich einer solchen Reisegesellschaft angeschlossen und auf dem Hin- oder Rückwege **Arles besucht haben**. Zwischen 1471, wo er in Basel studierte, und 1479, wo er zu Luzern auf der Kanzlei arbeitete, wissen wir von ihm nur, dass er in den Burgunderkriegen (1474—1477) mitgekämpft hat.[1]) Jedenfalls aber **vor 1479** muss seine Reise durch Frankreich fallen; denn in diesem Jahre unternahm er allein, in Privatangelegenheiten, eine Reise nach Ungarn, zum Könige Mathias Corvinus,[2]) und bald nach seiner Heimkehr begann er, 1482, seine Chronik. Schon diese Reise nach Ungarn, in damaliger Zeit, lässt uns keinen Neuling im Reisen vermuthen.

Ebensowenig als bei Russ lässt sich bei **Etterlin** ein Zweifel an seiner persönlichen Anwesenheit zu Arles irgendwie genügend begründen. Auch über ihn fehlen uns bis jetzt alle Nachrichten aus den nächsten Jahren **vor und nach den Burgunderkriegen**; dagegen finden wir ihn später als des Reisens in Frankreich gewohnt[3]) und in der Sprache geübt.[4]) Es lässt sich daher an und für sich die Möglichkeit nicht bestreiten,

---

[1]) s. Russens Leben, v. Th. v. Liebenau, p. 1 u. 2.
[2]) ibid. p. 3.
[3]) Aus dem Luzerner Rathsbuch geht hervor, dass er 1494 und 1501 »nach Frankreich« reiste, und dass dies nicht seine erste Reise dorthin war: eine Stadt wird nicht genannt; der Zweck waren Privatangelegenheiten.
[4]) s. Russens Leben, v. Th. v. Liebenau, p. 28, über die Verwendung seiner Sprachkenntniss zu Luzern 1488.

dass zu derselben Pilgergesellschaft, mit welcher der noch junge Russ reisen mochte, auch Etterlin gehört habe. Uebrigens ist Etterlin, an den betreffenden Stellen (p. 10), ausführlicher als Russ (p. 23). Während Letzterer zum trockenen Meeresboden nur bemerkt: „darüber ich selbs persönlich geritten bin," erzählt uns Etterlin: „Ich Petermann Etterlin bin über die Waldstatt (lies: Walstatt) selbs geritten und daruff gesin mit anderen guoten Herren, Ritteren und Knechten, in Bilgers Wyss, und han die geschen." Weder gegen dieses „Ich" noch gegen den beigefügten Namen lässt sich in Bezug auf die Aechtheit ein Zweifel begründen. Wollten wir nämlich voraussetzen, das „Ich" sei aus irgend einer Quelle, nur durch gedankenlose Abschrift in die Chronik gekommen, so müssten wir weiter folgern, auch der Name sei aus Missverständniss ergänzt worden. Jedoch findet sich sonst in Etterlins Chronik kein einziges „Ich", das sich nicht wirklich auf ihn selbst bezöge,[1]) und überdiess finden wir das „Ich" nur in einzelnen wenigen Fällen, wo besondere Gründe vorliegen, durch Hinzusetzung des Namens bekräftigt.[2]) Wir haben daher keinen Grund zu bezweifeln, dass auch hier Etterlin selbst es war, welcher seinen Namen hinzusetzte, um hervorzuheben, dass auch er den Schauplatz jener wunderbaren Ereignisse mit eigenen Augen gesehen habe. Wenn wir somit genöthigt sind, sowol für Russ als für Etterlin die Anwesenheit in Arles als Thatsache anzunehmen, so wird diese Voraussetzung durch den Vergleich des betreffenden Abschnittes in beiden Chroniken nur bestätigt, indem sich ihre Berichte bei Beschreibung der

---

[1]) Etterlins Chronik p. 13, 18, 42, 43, 59, 60, 63, 102, 105, 161, 165, 166, 193, 199, 205, 209.
[2]) Ibid. p. 166, 199, 209.

Oertlichkeit gegenseitig ergänzen, während sie im übrigen Inhalte des Abschnittes wesentlich übereinstimmen. Untersuchen wir diesen Abschnitt bei Russ, so sahen wir schon oben, wie die legendenhafte Erzählung von König Karls Zug gegen die Heiden den Hauptinhalt bildet, an welchen, erst am Schluss, die Sage von den Harsthörnern der Luzerner angefügt wird. Der nur äusserliche Zusammenhang dieser Sage mit jener Legende tritt bei Russ noch deutlich genug zu Tage. Die Legende fasst das Heer König Karls als eine unzählige Schaar christlicher Helden auf; denn nachdem sie im blutigen Kampfe zu Tausenden gefallen, werden „die Christen all von Gott und den Engeln vergraben" (p. 24). Die Luzerner Sage dagegen lässt dieses Heer in keineswegs schmeichelhaftem Lichte erscheinen. Denn laut Russ verlieh Karl der Grosse den Luzernern ihre Harsthörner desshalb, weil sie die Nachhut bildeten und als solche die verlassenen Ortschaften zerstörten, „damit das wyt gesamlet Volk, so Keiser Karolus mit jm fürt, dester minder hinder sich flühen möcht; das jnen vast wol kommen was, dann were dasselbig nit beschehen, etlich des Strits nit erwartet hetten". (p. 25.)

Wenn uns schon dieser Gegensatz zeigt, dass die Luzernersage nicht aus der Legende hervorgegangen ist, so gibt uns Russ auch einen Wink, wo wir den Ursprung dieser Sage zu suchen haben: „Da erwurben min Herren von Lutzern von dem grossen Küng Karly, dass sy Herhörner dörfen füren, nach Sitten Rulandi sius Suns." Die Harsthörner wurden also auf das Horn Rolands bezogen, Roland aber fiel zu Ronceval im Kampfe gegen die Heiden, als er im Heere Kaiser Karls die Nachhut befehligte; desshalb mussten auch die Luzerner, um ihre Harsthörner zu erlangen, unter Kaiser Karl gegen die Heiden gezogen sein und auf diesem Zuge, wie Roland, die Nachhut gebildet haben. Jedoch konnte dies nicht auf jenem Zuge Karls nach Spanien geschehen sein, von welchem das Rolandslied singt; denn zu Ronceval wurde die Nachhut aufgerieben und hätte also kein Geschenk des Kaisers heimbringen können; die Luzernersage musste also hierin vom Rolandsliede abweichen. Der Zug gegen die Heiden wurde daher als ein siegreicher gedacht, wobei allerdings die Nachhut, welche nun keinen Rückzug mehr zu decken hatte, nur noch beim siegreichen Vordringen eine Verwendung finden konnte; daher die keineswegs ideale Aufgabe dieser Nachhut, welche wohl erst der Phantasie des etwas prosaischen XV Jahrhunderts entsprungen sein dürfte.

Welcher war aber dieser siegreiche Zug Kaiser Karls gegen die Heiden, auf welchem die Harsthörner erlangt wurden? Diese Frage scheint die Luzernersage vor Abfassung des vorliegenden Abschnittes noch nicht beantwortet zu haben, sonst hätte sein Verfasser wohl nicht versucht, die Sage mit dem legendenhaften Zuge nach Arles zu verbinden. Dass aber dieser Verfasser wirklich zwei durchaus getrennte Erzählungen vor sich hatte, lässt sich aus der Fassung des Abschnittes, wie wir sie bei Russ haben, noch deutlich erkennen. Aus dem Anfange des Abschnittes erfahren wir thatsächlich nur: „Als die waren Historien sagent, zog Küng Karolus, und mit im..... vil Lüten, in dem Jar 811, gen Salimdecran", u. s. w. Wenn nun der Verfasser vor diese einfache und bestimmte Nachricht noch die Worte setzt: „Vor langen alten Zyten, do der gross Keiser oder Küng Karlus regierte", so erscheint diese unbestimmte Zeitangabe, neben der Jahreszahl 811, höchst überflüssig, und wir erfahren aus derselben nur, dass der Verfasser nicht recht weiss, ob er den „grossen Karlus" einen „Kaiser" oder „König" nennen soll. Diese einleitenden Worte lassen sich nur durch die Voraussetzung erklären, es habe dem Verfasser, als er den Abschnitt zu schreiben begann, neben der genau datirten Legende vom Zuge nach Arles, zunächst noch eine andere Erzählung von Kaiser Karl vorgeschwebt, welche keine nähere Zeitbestimmung enthielt. Und in der That erwähnt auch die Ueberschrift nichts vom Zuge nach Arles, sondern nur: „Wie die von Luzern erworben handt Harschhörner zu füren." Wie in dieser Ueberschrift, so schwebte auch beim Beginn des Abschnittes dem Verfasser ohne Zweifel zunächst die Luzernersage vor, wenn er beginnt: „Vor langen alten Zyten" u. s. w. Bevor er jedoch erzählt, wegen welcher Verdienste, nach der heimischen Ueberlieferung, die Harsthörner erlangt wurden, führt er zuerst noch das allgemein geschichtliche Ereigniss an, welches hiezu den Anlass gegeben hatte, nämlich König Karls Zug nach Arles, wie ihn die Legende erzählte. Erst nachdem er Letztere zu Ende geführt hat und auf diese Weise für die Luzerner Sage eine geschichtliche Grundlage glaubt gewonnen zu haben, erzählt er in Kürze die Sage selbst: „Da erwurben min Herren von Luzern" u. s. w. Es lässt sich somit in diesem Abschnitte, abgesehen vom schon hervorgehobenen Widerspruche des Inhalts, auch äusserlich die Luzernersage von der Legende genau unterscheiden.

Wenn nun, laut diesem Abschnitte, „Küng Karolus, und mit im ein Küng von Ungeren, ein Herzog von Oesterich, die von Lutzern, Uri[1]) und die von Schwitz, und von allen anderen Enden und Landen, vil Lüten,"

---

[1]) »vre« ist in der Handschrift in »von« verschrieben.

gegen die Heiden ziehen, so sind diese Genossen König Karls, welche sämmtlich, bis zum Schlusse der Legende, nicht mehr erwähnt werden, offenbar erst eine Zuthat desselben Verfassers, welcher mit der Legende die Luzernersage verband. Dasselbe gilt auch von der Bemerkung, welche er, am Schluss der Legende, an die Beschreibung der Gräber zu Arles knüpft: „als ich gesehen hab, so wol zu glouben ist, etlicher Lutzerner, Urner oder Schwitzer, von Gott ouch da bestattet syen". Gerade hier aber bezeugt der Verfasser seine Anwesenheit in Arles; da nun dieses Zeugniss, wie wir früher sahen, auf Russ zu beziehen ist, so haben wir überhaupt im Verfasser dieses Abschnittes niemand anderen als den Russ zu suchen. Es rührt somit die Verbindung der Legende mit der Luzernersage erst von ihm her, und wir haben daher, wenn wir nach seinen Quellen fragen, diese Frage für die Legende und für die Sage gesondert zu stellen.

Die Legende, welche vor Russ noch keinen Bezug auf Luzern hatte, sondern nur auf Arles und Umgegend, konnte Russ direct in Arles kennen lernen. Aus Etterlin (p. 11) wissen wir, dass auf dem Kirchhofe zu Arles eine „Legend", also eine Inschrift, zu lesen war, welche die wunderbare Bestattung der Gefallenen, und vermuthlich auch den ganzen Zug König Karls erzählte. Wenn nun Russ sich zu Anfang auf „die waren Historien" beruft, so kann jene, ohne Zweifel lateinische Inschrift darunter verstanden sein, von welcher er vielleicht eine Abschrift mitnahm. Diese Legende scheint Karl den Grossen nur „König" genannt zu haben, die Luzernersage dagegen, wie das Rolandslied, „Kaiser"; wenigstens nennt ihn Russ zu Anfang „Keiser oder Küng", in der Legende aber fortwährend „Küng", und erst in der Sage noch einmal „Keiser". Es mochte der Legende,

welche in der vorliegenden Gestalt in der Gegend der
Rhonemündungen localisiert erscheint, die Erinnerung
an jene 738, zwischen Salon und Arles, durch Karl Martell den Saracenen gelieferte Schlacht zu Grunde liegen.
Die öden Flächen längs den Rhonemündungen (la Crau)
mochten als ehemaliger Meeresboden gelten: daher „Salimdecran, das am Meer lag", und daher der wunderbare
Durchgang des Heeres. Dass Carolus Martellus bald mit
dem in Sagen und Legenden gepriesenen Carolus Magnus
verwechselt wurde, kann uns nicht befremden. In dem
schon im Alterthum berühmten Friedhofe zu Arles (jetzt
„les Alys camps") werden schon bei Turpin (cap. 28
und 30) die Gefallenen von Ronceval bestattet, und
ebenso werden in den spätern Ausbildungen der
Rolandssage die gefallenen Christen auf wunderbare
Weise von den erschlagenen Heiden ausgesondert.[1]) Wir
begegnen somit auch in unserer Legende dem Einflusse
derselben Rolandssage, aus welcher die Sage von den
Harsthörnern hervorgieng. Zu dieser Letztern aber
bedurfte Russ so wenig einer schriftlichen Quelle, als
zur Sage von den zwei Raubschlössern. Allerdings kann
es befremden, dass Russ hier (p. 25) einen lateinischen
Ausdruck wie „habitationes" gebraucht; jedoch wäre es
grundlos, aus diesem Worte eine lateinische Quelle vermuthen zu wollen, die er etwa nicht vollständig zu übersetzen gewusst hätte. Viel eher dürfen wir bei dem gelehrten Russ, dieses Wort als einen gewählten Ausdruck
auffassen, den er absichtlich gebrauchte. Ueberhaupt
haben wir lateinische Quellen viel eher hinter undeutschen Ausdrücken und Wendungen, als hinter einem einzelnen lateinischen Worte zu suchen.

Uebrigens ist die Verleihung der Harsthörner nicht

---

[1]) s. W.Grimm's Vorrede zu: Ruelandes Liet, p. 57, 71 u. 87.

das Einzige, was Russ mit der Legende von König Karls Zug nach Arles in Verbindung bringt. Neben den Luzernern nennt er, wie wir sehen, auch die Urner und Schwyzer als König Karls Kampfgenossen, und auch über diese erfahren wir das Nähere erst am Schlusse des Abschnittes (p. 25): „Man sagt ouch, die von Ure haben die Ablösung in ir Panner erworben und die von Schwitz das Crucifix in der roten Panner; so sagen aber etlich sy habents zu Erikurt und des Wegs hin erworben; das lass ich an die so das wol wüssen". Russ schwankt also hier, wenigstens in Betreff des Schwyzer Panners, zwischen zwei verschiedenen Ansichten, über deren gegenseitiges Verhältniss wir nur entnehmen können, dass beide die Auszeichnung des Panners von einem auswärtigen Kriegszuge herleiteten, dass aber die eine diesen Zug nach Héricourt in Burgund richtete, also sich mit der Legende von Arles nicht hätte in Verbindung bringen lassen.

Diese letztere Ansicht finden wir schon in Justingers Bernerchronik, welche Russ, in der Dittlingerschen Bearbeitung, sehr wohl kannte. In seiner Einleitung zur Schlacht am Morgarten sagt Justinger,[1]) dass „die von Switz vor alten Ziten taten ein gross Hilf einem Römschen Küng gen Eligurt und des Weges hin, und warent do so manlich, dass inen der Küng gab an ir roten Paner das heilig Rich, das ist alle Waffen und Instrument der heiligen Marter unsers Herrn Jesu Christi." Unter dieser „Hilf gen Eligurt und des Weges hin" ist wohl dasselbe zu verstehen, was uns, noch in der ersten Hälfte des XIV Jahrhunderts, Mathias von Neuenburg erzählt, von den 1500 Schwyzern, welche 1289 unter König Rudolf nach

---

¹) s. Justinger; Ausgabe von Studer, p. 46; vgl. Russ p. 25.

Burgund zogen und Besançon belagerten. Als ein feindliches Entsatzheer sich näherte, zog ihm König Rudolf entgegen, um ihm folgenden Tags die Schlacht anzubieten. Jedoch brachte ein Haufe Schwyzer (quidam de Suicia, quorum rex mille quingentos habuit) durch einen nächtlichen Ueberfall unter die Feinde eine solche Entmuthigung, dass sie ohne weitern Kampf sich unterwarfen.[1]) Dieser Zug nach Besançon, oder „Bisantz", lebte noch im XV Jahrhundert in der Erinnerung fort; denn 1443 sagen die Schwyzer in einem Rundschreiben an die deutschen Reichsstädte:[2]) „Es habend ouch unser Vorderen vor vil hundert Jaren den Römischen Keisern und Künigen, von des heil. Röm. Reiches wegen, gereiset und gedient gen Rom, gen Bisantz, und an andere verre usslendische End, als des Richs gehorsame und getrüwe Undertanen." Wenn nun Justinger diesen Zug nach Burgund über Héricourt gehen lässt, so können wir diese Angabe keineswegs als unhistorisch verwerfen, indem Rudolfs Heer, um aus dem Elsass nach Besançon zu gelangen, allerdings über Héricourt ziehen musste. Immerhin zeigt uns sowohl Justinger als der oben angeführte Brief, dass im XV Jahrhundert jener Zug, offenbar aus politischer Tendenz, in die ungewisse Vorzeit verwiesen wurde. Jedoch wusste noch Albrecht von Bonstetten sehr wohl, dass derselbe erst unter Rudolf von Habsburg geschah; denn in seiner 1478 verfassten Descriptio Helvetiæ sagt er von den Schwyzern:[3]) „et sic a Rudolfo Romanorum rege invictissimo, olim specialibus meritis condonati sunt."

---

[1]) Mathias Neoburgensis; Ausgabe von Studer, p. 24.
[2]) bei Tschudi: Chronicon helvet. II, p. 365.
[3]) Abgedr. in den »Mittheilungen der Antiquar. Gesellsch. zu Zürich«, Bd. III, p. 101.

Dieser schwyzerischen Ueberlieferung gegenüber, wie er sie aus der Bernerchronik kannte, zog Russ eine andere vor, welche nichts von Héricourt wusste, und wohl überhaupt nichts enthielt, was ihre Verbindung mit der Legende von Arles gehindert hätte. Während die schwyzerische Tradition sich auf Schwyz beschränkt, nennt hier Russ sowohl Uri als Schwyz. Es ist hier hervorzuheben, dass Uri für Russ eine zweite Heimat war, indem dort seine Verwandten mütterlicherseits wohnten,[1]) und er selbst, als er später (1498) von Luzern verbannt wurde, nach Uri übersiedelte und als Urner im folgenden Jahre mit in den Schwabenkrieg zog und den Tod fand.[2]) Diese seine Beziehungen zu Uri sind auch in seiner Chronik fühlbar, namentlich ergänzt er, wie wir später sehen werden, den Bericht der Bernerchronik über die Erhebung der Waldstätte gegen Oestreich, indem er die in Uri verbreitete Tellensage[3]) nach mündlicher Ueberlieferung einschaltet.[4]) Dasselbe thut er offenbar auch hier, wo er an die Legende von Arles nicht nur die Luzernersage von den Harsthörnern anfügt, sondern fortfährt: „Man sagt auch, die von Ure", u. s. w. Jedoch können wir dieser Aeusserung unseres Chronisten nur im Allgemeinen entnehmen, dass die Volksmeinung in Uri die Auszeichnung im Landespanner als eine Belohnung für irgend eine dem Reichsoberhaupte vor Zeiten geleistete Hilfe betrachtete. Während wir dieselbe Ueberlieferung, in Bezug auf Schwyz, auf den Zug König Rudolfs nach Burgund zurückführen konnten, lässt sich für Uri keine geschichtliche Thatsache dieser

---

[1]) s. Russens Leben, von Th. v. Liebenau, p. 1.
[2]) Ibid. p. 34.
[3]) s. Vischer: Befreiung der Waldstädte, p. 50 ff.
[4]) s. Russens Chronik, p. 59 u. 62–64.

Art nachweisen. Denn wenn Tschudi zum Jahr 1240¹) alle drei Waldstädte dem Kaiser Friedrich II gegen Faenza zuziehen lässt, so beruhen seine Angaben offenbar nur auf der irrigen Voraussetzung, dass damals alle drei Waldstädte im Lager vor jener Stadt vom Kaiser einen Freibrief erhalten hätten, während dies in Wirklichkeit nur mit Schwyz geschah;²) es lässt sich daher der bewaffnete Zuzug, über welchen wir überhaupt kein älteres Zeugniss haben als Tschudi, höchstens für Schwyz vermuthen. Wie wir auch hier wieder nach Schwyz gewiesen werden, so lässt sich in der That die Volksmeinung, welche Russ unter den Urnern vorfand, am einfachsten dadurch erklären, dass die im benachbarten Schwyz einheimische Ueberlieferung auf Uri übertragen wurde. Schon in Schwyz hatten sich im XV Jahrhundert, wie wir sahen, vom geschichtlichen Hintergrunde der Sage nur vereinzelte und schwankende Namen, wie „Eligurt" oder „Bisantz" erhalten, so dass schon 1440 der damalige Landschreiber Johannes Fründ, in seiner Schrift: „Vom Herkommen der Schwyzer",³) von einem Zuge nach Rom unter Kaiser Honorius, fabeln konnte. Um so mehr mochten auch die Urner über das Ziel jenes Zuges im Unklaren sein, so dass Russ unbedenklich auch ihre Ueberlieferung, so gut wie die Luzernersage von den Harsthörnern mit dem Zuge Karls des Grossen nach Arles verbinden konnte. Uebrigens will Russ diese seine Combination offenbar nicht als eine

---

¹) Tschudi: Chronicon. I, p. 134.
²) Den Nachweis s. bei Wartmann: »Die königl. Freibriefe für Uri, Schwyz und Unterwalden«. im Archiv für Schweizergeschichte, XIII. p. 155 ff.
³) Herausgegeben von H. Hungerbühler, nebst eingehender kritischer Untersuchung, in den »Mittheilungen des historischen Vereins in St. Gallen«, Bd. XIV (1872).

feststehende Thatsache hinstellen; denn er erwähnt auch die in der Bernerchronik vertretene Meinung vom Zuge nach „Eligurt", und schliesst bescheidentlich: „das lass ich an die, so das wol wüssen." Auch später (p. 60), wo er beim Ausschreiben der Bernerchronik zu der schon hier benützten Stelle gelangt, unterdrückt er nur die Worte: „gen Eligurt und des Weges hin", und setzt zu: „die von Switz", noch: „mit sampt Lutzern und Ure"; er lässt somit das Ziel jenes Zuges hier unbestimmt und betont nur die Mitbetheiligung der Luzerner und Urner, wenn er (p. 61) noch weiter hinzufügt: „Ir handt ouch wol gehört da vor, das die von Lutzern und Ure ouch begabet wurden und mit was Gab". Dass wir an dieser Stelle von Kaiser Karl und von Arles keine Sylbe finden, zeigt uns auf's Neue, dass Russ in dieser Frage zu keiner bestimmten Ansicht gelangt war.

Nachdem wir gesehen, wie unser Chronist, neben der Luzernersage auch die Ueberlieferungen der Urner und Schwyzer mit dem legendenhaften Zuge Karls des Grossen zu verbinden sucht, bleiben uns noch „ein Küng von Ungarn" und „ein Hertzog von Oesterych", welche Russ ebenfalls (p. 23) mit dem Kaiser gegen die Heiden ziehen lässt. Hier ist daran zu erinnern, dass Russ, kaum zwei Jahre bevor er seine Chronik begann, in Ungarn beim Könige Mathias Corvinus gewesen war, als dieser eben gegen die Türken zu Felde lag.[1] Damals (1479) hatte der König bedauert, dass er nicht 20,000 Eidgenossen bei sich habe, und hatte unserm Russ, der ihm von den Schlachten bei Grandson, Murten und Nancy zu erzählen wusste, Gelegenheit ge-

---

[1] s. Russens eigenen Bericht, abgedr. bei Segesser: »Die Beziehungen der Schweizer zu Mathias Corvinus«, p. 94 ff. Vgl. Th. v. Liebenau, a. a. O. p. 3 ff. Vgl. unten p. 160.

geben, sich bei einem glänzenden Siege über die Türken neue Lorbeeren zu erwerben. Nach diesem Siege war Russ mit schönen Geschenken und noch schöneren Versprechungen gnädig entlassen worden; die bittern Erfahrungen aber, welche er später (1490) in Ungarn machen sollte, konnte er damals noch nicht ahnen. Es kann uns daher nicht befremden, wenn Russ auch beim Niederschreiben seiner Chronik (1482) den noch frischen Erinnerungen einen kleinen Tribut zollte und bei einem Zuge, wo laut der Legende „von allen Enden und Landen vil Lüt" gegen die Heiden zogen, auch „einen Küng von Ungeren", so gut wie die Luzerner, Urner und Schwyzer, noch besonders anführt. Der „Herzog von Oesterych" dagegen ist wohl lediglich als eine auf die Betheiligung der Luzerner bezügliche Reconstruction aufzufassen, indem Russ allerdings nicht wusste, in welchem Jahrhundert Luzern unter östreichische Herrschaft gelangt sei.

Nachdem wir gesehen, wie Russ diesen ganzen Abschnitt aus Legende und Sage zusammensetzte, werfen wir noch einen Blick auf den entsprechenden Abschnitt bei Etterlin (p. 10). Das Einzige, was Etterlin gänzlich beseitigt, ist die Betheiligung der Urner und Schwyzer, über welche schon Russ, wie wir sahen, sich mit einiger Vorsicht äussert; im Uebrigen aber nimmt er seinem Vorgänger alles ab, selbst den König von Ungarn! Die wesentlichsten Ergänzungen betreffen die Gräberstätte zu Arles, welche Etterlin, wie wir sahen, so gut wie Russ, aus eigener Anschauung kannte; namentlich erwähnt er die in der Kirche befindliche Inschrift oder „Legend, die ich selber gelesen han". Die einzige Berichtigung in diesem ganzen Abschnitte bezieht sich auf Roland, welchen Russ irrigerweise als König Karls „Sohn" bezeichnet, während Etterlin ihn „Vetter" nennt. In der Luzernersage von den Harsthörnern, am Schlusse des Abschnittes, schliesst sich Etterlin weniger als sonst an den Wortlaut seines Vorgängers an: Letzterer war ihm hier als Quelle entbehrlich, da es sich um eine in Luzern **allgemein bekannte Sage** handelte.

3. Weitere Abschnitte des ersten Theiles.

Gehen wir weiter bei Russ, so folgt (p. 25) auf diesen Abschnitt, welchem die aus Arles stammende Legende als einzige schriftliche Quelle diente, noch eine **weitere Legende**, nämlich von St. Urs, dem Schutzpatron der Stadt Solothurn. In dieser Stadt hatte Russ nahe Verwandte,[1]) und dies ist wohl der einzige Grund, warum diese Legende in die Luzernerchronik gelangte; denn auf letztere Stadt hat dieser Abschnitt höchstens in sofern Bezug, als das Haupt der thebäischen Legion, Mauritius, gleich zu Anfang genannt wird. Jedoch wird nicht einmal erwähnt, dass Mauritius zu den Schutzpatronen Luzerns gehört; überhaupt finden wir in diesem Abschnitt, welcher deutliche Spuren eines **lateinischen Originals** trägt, keine einzige Stelle, welche sich als eine auf Luzern bezügliche Zuthat unseres Chronisten bezeichnen liesse.

Auf diese Legenden folgen (p. 28—35) fünf Abschnitte über einen **Krieg zwischen Luzern und den Waldstädten**, wie wir einen solchen, als unter östreichischer Herrschaft geschehen, schon im ersten Abschnitte der Chronik angedeutet fanden. Wiewohl nun der vorliegende Bericht weder eine Jahreszahl enthält, noch überhaupt Oestreich erwähnt, so können wir den-

---

[1]) s. Russens Leben von Th. v. Liebenau p. 36, N. 5.

noch nicht umhin, ihn auf denselben Krieg zu beziehen, welcher uns durch die Verordnungen im Luzerner Stadtbuche, zu 1310 und 1311, urkundlich bestätigt wird.[1]) Denn während uns aus der ältern, murbachischen Zeit genügende Nachweise dieser Art fehlen,[2]) weiss auch die Ueberlieferung, wie wir sie schon früher bei Schilling kennen lernten, nur von einem Kriege unter östreichischer Herrschaft; überdies finden wir von den beiden Schiffen, welche Schilling uns nennt, wenigstens das eine auch hier bei Russ (p. 29): „die Gans, so dera von Ure was." Ausserdem aber finden wir eine Episode des vorliegenden Berichtes, jedoch durchaus von ihm unabhängig, bei Tschudi (Chronik I, p. 264) unter 1314 erzählt. Es ist dies ein Angriff der Luzerner auf Stansstadt, über welchen der Erzähler unverkennbar den unterwaldnerischen Standpunkt vertritt; Tschudi scheint somit hier lediglich die locale Ueberlieferung niedergeschrieben und mit einer Jahreszahl versehen zu haben.

Wenden wir uns nun zu den vorliegenden Abschnitten bei Russ, so fehlt es in denselben nicht an undeutschen Ausdrücken und Wendungen, welche den lateinischen Grundtext noch deutlich erkennen lassen. So heisst es von den fliehenden Waldstädten (p. 32): „Sy besorgtent in den Schiffen jrs Lebens Hoffnung nit hetten zu behalten", dann ferner (p. 33) von dem „Vorgemur" zu Stansstad; „das sy meinten, unusstrittbar sin", anderer Beispiele nicht zu gedenken. Während wir im ersten Abschnitte der Chronik den Ausdruck

---

[1]) Abgedr. im Geschichtsfreund III, p. 71 ff.
[2]) Allerdings erscheinen die Waldstätte 1247 u. 1252 im Kriegszustand; jedoch lässt sich weder aus dem Briefe Innocens IV von 1247, noch aus dem »Geschwornen Brief« von 1252, die Betheiligung Luzerns nachweisen.

montani oder intramontani durch „Inwoner der Pirgen" übersetzt fanden, wird hier dasselbe Wort durch „Berglüt und Waldlüt" wiederzugeben gesucht. „Waldlüt" war in früheren Jahrhunderten die übliche Bezeichnung für die Bewohner der drei Waldstädte und entsprach in diesem Sinne dem lateinischen „intramontani".[1]) Später jedoch scheint der collectivere Ausdruck „Waldstett" überwogen zu haben,[2]) so dass „Waldlüt" ein veraltetes Wort wurde und seinen speziellen Bezug auf die drei Waldstätte verlor. Vermuthlich gebraucht Russ hier absichtlich diesen veralteten Ausdruck, weil er sich offenbar diesen Krieg in unbestimmter Vorzeit denkt und ihn desshalb auch den genau datirten Ereignissen des XIII Jahrhunderts noch vorangehen lässt. Uebrigens erläutert Russ das erste Mal, wo er das veraltete Wort gebraucht (p. 28): „Waldlüt, so man ytz nempt die Waldstett."

In dieser ursprünglich lateinischen Aufzeichnung finden wir, abgesehen von einer kurzen Einleitung, die einzelnen Waffenthaten jenes Krieges mit Ausführlichkeit erzählt. Neben dem gänzlichen Mangel an Jahreszahlen erfahren wir dennoch von einem Anschlage der Luzerner gegen Unterwalden, dass er in „der Nacht vor sant Jacobs tag" ausgeführt wurde. Was nun den Standpunkt des unbekannten Verfassers betrifft, so nimmt er entschiedene Partei für die Luzerner und gegen die „Waldlüt": Er betont das gute Recht der Luzerner und fügt zu den Verlusten ihrer Feinde seinen Spott: „Sy warent dennacht wol getouffet, wan

---

[1]) z. B. im »Geschwornen Brief« von 1252, abgedr. im Geschichtsfreund I, p. 184.

[2]) »Waldlüt« und »Waldstett« finden wir nebeneinander, um 1350, im Luzerner Bürgerbuch, abgedr. im Geschichtsfreund XXII, p. 152.

sy bös Cristen wärent." Während diese lebhafte Parteinahme gegen die Waldstädte, sowie auch die ausführliche Erzählung uns im Verfasser einen Zeitgenossen jenes Krieges vermuthen lassen, beginnt der ganze Bericht, wie schon erwähnt, mit einer **kurzen Einleitung** (p. 28), in welcher sich der Verfasser mit allgemeinen Redensarten behilft: „Nachdem die Lender und Waldlüt, ouch die von Lutzern, nit einen Herren, sunder etwen mengen hatten, darumb sy allwegen gegen einanderen in Stössen und Vindschaft warent, dann wo vil Herren sind, da ist ouch dester mer Zweiung und Uneinhelikeit." Statt der Parteinahme gegen die Waldstädte, welche uns in der unmittelbar folgenden Erzählung der Kriegsereignisse entgegentritt, vertreten diese einleitenden Worte eher einen allgemeinen Gesichtspunkt; der Verfasser wirft die Schuld des Krieges auf die beidseitigen „Herren", wiewohl er sie nicht zu nennen vermag und sie auch in der nachfolgenden Erzählung nirgends vorkommen; es lässt sich somit ein gewisser **Gegensatz zwischen Einleitung und Erzählung** nicht verkennen.

Diese Einleitung ist jedoch nicht das Einzige, was wir ausscheiden müssen, sobald wir die eigentliche Erzählung einem Zeitgenossen jenes Krieges zuschreiben wollen. Der **zweite Abschnitt** (p. 29—32), welcher einen Angriff der Waldstädte auf Luzern erzählt, schliesst mit der Bemerkung, dass in diesem Kriege das Stift im Hof mit Mauern und Thürnen sei umgeben worden und dass damals „die ober Ringmur mit den Türnen" noch nicht gestanden habe. Von Letzterer sagt Russ selbst an einer spätern Stelle seiner Chronik (p. 202), dass sie 1408 erbaut wurde; „die nüwe Mur umb den Hof" aber scheint, laut einer Notiz im **Bürgerbuch**,[1] nicht lange

---
[1] abgedr. im Geschichtsfreund XXII. p. 154.

vor 1378 erbaut zu sein. Wie diese Schlussbemerkung, welche nur dem XV Jahrhundert angehören kann, so finden wir in demselben zweiten Abschnitt, mitten im Texte, einen ähnlichen Zusatz, welcher das anfängliche Zurückweichen der Luzerner vor den angreifenden Waldstädten entschuldigt: „dan die Statt sich damals nit als wol vermocht an Lüten als yetz." Ausser diesen Zuthaten, welche, so wenig als die Einleitung, Spuren eines lateinischen Grundtextes enthalten, finden wir in demselben Abschnitte einen Anachronismus, welcher erst durch die Uebersetzung entstanden sein dürfte. Wenn nämlich die Luzerner sich mit „Büxen und Armbrusten" vertheidigen, so möchten wir in diesen Worten die freie Uebersetzung zweier lateinischer Synonymen vermuthen. Schliesslich bleiben uns noch die Schlussworte des fünften Abschnittes (p. 35), mithin des ganzen Berichtes, zu erwähnen: „Dem nach lange Zyt wurden sy gericht mit einandren, als jr harnach hören werdent." Ein solcher Friedensschluss wird in Russens Chronik nirgends besonders erwähnt; wir können daher diese Hinweisung nur auf den ewigen Bund von 1332 beziehen, als auf den ersten Vertrag zwischen Luzern und den Waldstädten, welcher in dieser Chronik (p. 84) erwähnt wird. Wollten wir annehmen, Russ habe diese Schlussworte schon in seiner Quelle vorgefunden, so würden wir zu der schwer zu begründenden Hypothese genöthigt, er habe dieselbe nicht vollständig ausgeschrieben oder nur ein Fragment vor sich gehabt. Während wir somit allen Grund haben, in diesen Schlussworten eine Zuthat unseres Chronisten zu erblicken, sahen wir oben auch von der Einleitung, dass sie nicht wohl von demselben Verfasser herrühren kann, welcher die Kriegsereignisse erzählt. Weder für diese Einleitung aber, noch für irgend eine andere der bisher hervorgehobenen

Zuthaten wüssten wir einen Grund, um sie einem frühern Ueberarbeiter zuzuschreiben als dem Russ.

Sobald wir nun die bisher angeführten Stellen ausscheiden, so bleibt uns die **ausführliche Erzählung einiger Treffen zwischen Luzern und den Waldstädten**. Fragen wir nach der Entstehungszeit dieser Aufzeichnung, so ist die schon erwähnte Stimmung des Verfassers gegen die Waldstätte allerdings kein unbedingt entscheidender Grund, um in ihm einen Zeitgenossen jenes Krieges zu vermuthen; denn auch zu Russens Zeiten herrschte zu Luzern namentlich gegen Unterwalden, wegen Amstaldens Prozess, eine gereizte Stimmung (1481). Jedoch müssen wir bezweifeln, dass es um diese Zeit noch möglich gewesen wäre, über eine Reihe meist unbedeutender Scharmützel, welche sich vor 170 Jahren zugetragen, noch aus der mündlichen Ueberlieferung Berichte zu sammeln; wir werden daher so wie so eine **Aufzeichnung aus früherer Zeit, und zwar aus dem XIV Jahrhundert**, voraussetzen müssen. Es dürfte daher dieser Bericht annähernd um dieselbe Zeit verfasst sein, wie der **erste Abschnitt in Russens Chronik** (p. 10) vom Ursprunge Luzerns. Jedoch müssen wir die Frage, ob beide Aufzeichnungen demselben Verfasser angehören, dahingestellt lassen, da wir überhaupt nicht wissen, wo Russ dieselben mag vorgefunden haben. Auch finden wir in der ganzen übrigen Chronik keine weiteren Abschnitte, welche mit den vorliegenden irgendwie eine Zusammengehörigkeit verrathen.

Nach diesem Kriege mit den Waldstädten geht Russ über zu den **bestimmt datirten Ereignissen des XIII Jahrhunderts** und lässt zunächst drei auf Luzern bezügliche Abschnitte folgen, welche die Jahreszahlen 1223, 1259 und 1274 tragen. Der erste derselben (p. 35), über die angeblich 1223 erfolgte Gründung des Barfüsserklosters, ist offenbar dem legendenhaften Inhalte einer **Grabschrift** entnommen, welche noch im XVI Jahrhundert in der Klosterkirche zu sehen war und deren Wortlaut uns erhalten ist;[1]) das Wenige, was Russ an ihrem Inhalte ergänzte, mochte er den mündlichen Mittheilungen der Mönche verdanken. Auch der **zweite Abschnitt** (p. 42) dürfte lediglich einer Inschrift entnommen sein, denn er besagt nur, dass „die Cappell in der Capellgassen" (St. Peterscapelle) am 31. März 1259 ausgebaut und vom Bischof Eberhard von Constanz geweiht wurde. Dieses Datum mag sich auf einen Neubau beziehen, denn die Capelle und die damit verbundene Leutpriesterei kommen urkundlich schon 1178 vor.[2])

Während diese beiden Abschnitte auf Inschriften zu beruhen scheinen, trägt **der dritte** (p. 45) das genaue Datum einer noch erhaltenen Urkunde König Rudolfs an die Luzerner von 1274,[3]) in welcher dieser König die gesammte Bürgerschaft in seinen und des Reiches besondern Schirm nimmt. Welchen Sinn jedoch Russ dieser Urkunde beilegte, ersehen wir schon aus der Ueberschrift dieses Abschnittes: „Wie die Statt Lutzern an das Reich kommen und entpfangen wardt." Wenden wir uns nun zum Texte selbst, so beobachtet Russ hier dasselbe Verfahren, welchem wir schon in seiner Vorrede begegnet sind; denn wie Letztere, so ist auch der vorliegende Text einem entsprechenden Abschnitte **der Bernerchronik wörtlich nachgebildet**. Diese Schrift leitet nämlich die Reichsfreiheit Berns von der angeblich 1218 von Kaiser Friedrich II ertheilten Handveste her,[4]) und an diesem Abschnitte beschränkt sich Russ auf die noth-

---

[1]) s. Schnellers N. 60 zu Russ p. 42.
[2]) Ibid. N. 61 zu Russ p. 43.
[3]) abgedr. bs. Kopp: Urkunden zur Gesch. der eidgen. Bünde. p. 21.
[4]) vgl. Russ p. 45—47 mit Justinger p. 10—11 (Abschnitt N. 14).

wendigsten Aenderungen, indem er den Namen des Kaisers und das Datum der Handveste nach der Urkunde Rudolfs von 1274 umändert und die Worte: „Bern in Burgunden", durch: „Lutzern, so gelegen ist im Küngkrich von Arly" ersetzt. Die einzige Zuthat des Luzerner Chronisten besteht darin, dass er zu den, laut der Bernerchronik ertheilten Privilegien hinzufügt: „und Lechen zu lihen". Diese Freiheit erlangte Luzern wirklich von König Rudolf, laut Urkunde von 1277.[1]) Dieser sowohl als der Brief von 1274 wurden ausdrücklich bestätigt durch den 1415 ertheilten Brief[2]) König Sigmunds, welcher zuerst die Reichsunmittelbarkeit Luzerns förmlich anerkannte. Diese Bestätigung mochte dazu beitragen, dass die Luzerner, vermuthlich schon vor Russ, ihre Reichsfreiheit als eine uralte betrachteten und auf 1274 zurückführten. Es erschien somit diese Urkunde schon durch ihr Datum als ein hinreichendes Zeugniss, dass Luzern die Reichsfreiheit beinahe ebenso früh erlangt habe als Bern. Dass aber diese Verleihung für beide Städte durchaus dieselben Privilegien mit sich gebracht habe, mochte als selbstverständlich vorausgesetzt werden; desshalb hielt sich Russ unbedenklich an den bündigeren Bericht der Bernerchronik und liess den Wortlaut der Urkunde unberücksichtigt.

Zweiter Theil.

(Russ p. 47—232).

Nachdem Russ über die angeblich von Rudolf von Habsburg an Luzern ertheilte Reichsfreiheit den betref-

---

[1]) abgedr. bs. Kopp, a. a. O. p. 23.
[2]) Die Regesten s. im Geschichtsfreund I, p. 8. — Vgl. unten p. 159.

fenden Abschnitt der Bernerchronik ausgeschrieben, fährt er fort, soweit sein Werk reicht, diese Schrift als Hauptquelle zu benützen. Im Anschluss an jene 1274 datirte Verleihung König Rudolfs lässt er zunächst die Kriege dieses Königs gegen Bern folgen (1289), sowie auch den Sieg der Berner am Dornbühl (1298) und die Niederlage der Zürcher vor Winterthur (1292). Aus dem XIV Jahrhundert folgen die Schlachten am Morgarten und bei Laupen (1315 und 1339), die Mordnacht zu Zürich (1350) und die Einnahme des Schlosses Habsburg bei Luzern (1352); sodann der Einfall der sog. Engländer (1374), die Kyburgische Fehde (1382) und die Schlacht bei Sempach (1386). Den Schluss bildet der Appenzellerkrieg (1401—1408), der Streit zwischen Stadt und Landschaft Zug (1404—1414) und der Zug der Eidgenossen in's Pommatter Thal (1411). Alle diese, der Dittlingerschen Bernerchronik entnommenen Abschnitte finden sich bei Russ wörtlich wiederholt und nur hie und da durch eine Zuthat ergänzt. Ausserdem aber finden sich auch zwischen dem Text der Bernerchronik eine Anzahl fremder Abschnitte eingeschaltet, welche sich meist auf Luzern beziehen. Wir haben daher alle diese Ergänzungen und Zuthaten unseres Chronisten hervorzuheben und ihre Quellen, soweit dies möglich ist, zu ermitteln.

1. Die Zeit von Rudolf von Habsburg bis 1340.

Die Abschnitte der Bernerchronik aus der Zeit König Rudolfs betreffen nur die Geschichte Berns und Zürichs und sind ohne nähere Beziehung auf Luzern oder die Waldstädte; desshalb finden wir bei Russ keinerlei

Ergänzung ihres Inhaltes.[1]) Dagegen bemerken wir die ersten Aenderungen und Ergänzungen unmittelbar vor der Schlacht am Morgarten, in der schon früher erwähnten **Einleitung**, welche die Bernerchronik dem eigentlichen Schlachtbericht vorangehen lässt[2]) und worin sie die Ursachen des Krieges zwischen Oestreich und den Waldstädten auseinandersetzt. Die Aenderung in Bezug auf die einst von den Schwyzern dem Reiche geleistete Hilfe[3]) „gen Eligurt und des Weges hin", haben wir schon früher, bei Anlass der Sage von den Harsthörnern, erwähnt. Ausserdem aber unterscheidet sich Russ von seiner Quelle namentlich dadurch, dass er den Tell erwähnt, welchen die Bernerchronik nicht kennt. Da wo Letztere von den Bedrückungen der habsburgischen Vögte spricht, bemerkt Russ (p. 58): „als ouch Wilhelm Tellen beschah, ... als jr das hernach, wie es jm ergieng, werdet hören in einem Liet." Dieses versprochene Lied findet sich jedoch nicht in der erhaltenen Handschrift; vermuthlich wurde es vom Abschreiber, als etwas allgemein Bekanntes, ausgelassen. Es ist nämlich durch die neuere Forschung[4]) nachgewiesen, dass dieses Lied wohl kein anderes war, als das **noch erhaltene**[5]) „Lied von der Eidgnoschaft", welches jedenfalls vor 1474 gedichtet wurde und die Geschichte Tells erzählt. Der Einfluss dieses Liedes macht sich bei Russ auch darin geltend, dass er den ersten Bund der drei Waldstädte erst nach Tells That erfol-

---

[1]) vgl. Russ p. 47—57 mit Justinger (Studers Ausg.): Abschnitt Nr. 49—53 (p. 29-32), Nr. 58 (p. 33—35), Nr. 63-64 (p.37—39.) Nr. 61 (p. 36).
[2]) vgl. Russ 58—70 mit Justinger p. 45—49 (Abschnitt Nr. 84—86).
[3]) vgl. Russ p. 60 u. 61 mit Justinger p. 46 und mit Russ p. 25.
[4]) Vischer: Befreiung der Waldstätte p. 51.
[5]) abgedr. bs. Liliencron: Die hist. Volkslieder, II, p. 109; auch bs. Vischer, p. 46.

gen lässt. Während nämlich, laut der Bernerchronik (p. 46) die drei Länder von Alters her miteinander verbunden waren, lässt Russ (p. 58) die betreffende Stelle aus und erwähnt statt dessen erst am Schlusse des Abschnittes (p. 62) den Bundesschwur: „Also sammelten sich die ganzen Gemeinden von Ure, Switz und Underwalden zusammen, ... Also hat sich der Punt von ersten angefangen." Auf diesen Schluss folgt (p. 63—65) als Nachtrag noch ein besonderer Abschnitt: „Wie es Wilhelm Tellen ergieng uff dem Sew." Während Russ an der oben angeführten Stelle (p. 58), wo er auf das Lied verweist, nur den Apfelschuss erwähnt, erzählt er hier die weitern Schicksale des Tell. Jenes Lied konnte ihm hiezu nicht als Quelle dienen, hingegen lassen die Ergebnisse der neuern Forschung [1]) kaum mehr bezweifeln, dass Russ den Inhalt dieses Abschnittes direct aus der mündlichen Ueberlieferung schöpfte, wie sie in Uri verbreitet war und auf welcher ohne Zweifel auch jenes Lied beruht. Wir haben somit bei Russ, auf dessen persönliche Beziehungen zu Uri wir schon früher hingewiesen haben, die älteste noch erhaltene Fassung der urnerischen Tellensage; denn im „Weissen Buch" zu Sarnen[2]) wurde zwar die Sage schon vor Russ (um 1470) niedergeschrieben, jedoch schon in einer Gestalt, in welcher die ursprüngliche, speziell urnerische Auffassung schon verwischt erscheint.

Auf die Einleitung zur Schlacht am Morgarten folgt in der Bernerchronik (p. 47—49) der eigentliche Schlachtbericht, welcher die Niederlage Herzog Leopolds am Morgarten und den gleichzeitigen Einfall des Grafen von

---

[1]) Vischers Befreiung der Waldstätte: p. 52 ff.
[2]) Ausgabe im Geschichtsfreund, Bd. XIII.

Strassberg in Unterwalden in zwei gesonderten Abschnitten erzählt; beides finden wir auch bei Russ (p. 66—70) ohne irgendwelche Ergänzung. Zwischen diese beiden Waffenthaten aber schiebt die Bernerchronik (p. 48) noch einen kurzen Abschnitt (Nr.85) ein: „Wie sich die Waltstette starkten". Diese Störung des Zusammenhanges vermeidet Russ, indem er diesen Abschnitt hier auslässt, jedoch nur um ihn später zu verwerthen. Derselbe handelt nämlich in aller Kürze und ohne Jahreszahlen von der allmäligen Erweiterung des Bundes der drei Waldstädte zu demjenigen der acht Orte, und ist die einzige Stelle der Bernerchronik, wo der Beitritt Luzerns zu diesem Bunde erwähnt wird. Ueber diesen Beitritt Luzerns aber hat Russ (p. 84), zwischen den Schlachten am Morgarten und bei Laupen, einen besondern Abschnitt: „Wie sich die Waldstett starkten mit denen von Luzern 1331" (lies 1332). Wie die Ueberschrift, so ist auch der Text dieses Abschnittes wörtlich der Bernerchronik nachgebildet..[1]) Wir finden nämlich zuerst, nur mit Anwendung auf Luzern, genau dasselbe wiederholt, was Russ schon in der Einleitung zur Schlacht am Morgarten (p. 58), der Bernerchronik folgend, über den gedrückten Zustand der Waldstädte unter östreichischer Herrschaft gesagt hatte. Zugleich erinnert hier Russ an den Krieg zwischen Oestreich und den Waldstädten, den er schon im ersten Abschnitte seiner Chronik erwähnt, und schreibt hierauf den Text des vorliegenden Abschnittes der Bernerchronik aus, welcher in Kürze erwähnt, wie sich die drei Waldstädte mit den übrigen fünf Orten verbinden. Die einzige Aenderung besteht darin, dass Russ statt dieser fünf Orte nur Luzern nennt und die Jahreszahl

---

[1]) vgl. Russ p. 84—85 mit Justinger p. 48 (Abschnitt Nr. 85).

1331 (lies 1332) hinzusetzt, welche er aus der Urkunde kennen mochte. Ausser dieser Jahreszahl sind nur die Schlussworte: „Darum Gott der allmechtig ... Amen." von Russ hinzugefügt. Der Eintritt Luzerns in die Eidgenossenschaft ist übrigens nicht das einzige Ereigniss, welches Russ zwischen den Schlachten am Morgarten und bei Laupen (p. 70 – 87) erwähnt, denn ausser einem kurzen Abschnitte aus der Bernerchronik über die Belagerung von Solothurn durch Herzog Leopold (1318)[1] finden wir noch vier Abschnitte, welche sich mehr oder weniger auf Luzern beziehen. Die drei ersten,[2] aus unbekannter Quelle, enthalten Nachrichten von 1305, 1308 und 1336, auf welche wir später zurückkommen werden; der vierte dagegen (p. 87), ohne Jahreszahl, handelt von der angeblich von König Wenzel den Luzernern ertheilten Freiheit, Brücken zu bauen „über die ungehüren Waldwasser". Die wirklich von diesem König an Luzern ertheilten drei Briefe (von 1379, 1381 u. 1390) enthalten jedoch nichts von dieser Freiheit;[3] wohl aber findet sie sich, in denselben Ausdrücken wie hier bei Russ, in dem schon früher erwähnten Briefe König Sigmunds von 1415,[4] welcher alle von den Königen Rudolf und Wenzel verliehenen Freiheiten bestätigt. Aus dieser Bestätigung mochte Russ schliessen, dass alle in diesem Briefe ertheilten Freiheiten nur Bestätigungen dessen seien, was theils von Rudolf, theils von Wenzel schon früher verliehen war; desshalb erwähnt er die dem letztern König zugeschriebene Freiheit des Brückenbaues

---

[1] vgl. Russ p. 83 mit Justinger p. 51 (Abschnitt Nr. 91).
[2] Russ p. 70, 71 u. 86.
[3] Die Regesten dieser drei Urkunden s. im Geschichtsfreund I, p. 6: Nr. 7 – 9.
[4] Ibid. p. 8, Nr. 12.

mit Worten, welche er offenbar der Urkunde von 1415 entlehnte, und bemerkt hiezu: „als das dieselben Künglichen Brief, so die von Luzern innen hand, umb das und anders klerlichen wisent; und als sy das erworben, hattent sy lang und ee die Hofbrück und etlich ander Brücken gemacht und uffgebuwen." Bei Anlass der Hofbrücke erwähnt er noch den Zins, den der Probst des Stiftes für diese Brücke alljährlich der Stadt entrichten musste, und fügt hinzu: „das doch, als ich vernimm, abgangen ist, und die von Luzern das jnen von Gnaden und Liebi wegen abgelassen handt." Letzteres geschah beim sog. „Generalauskauf", vom 13. Nov. 1479, durch welchen die meisten Rechte des Stiftes in der Stadt an Letztere selbst übergiengen.[1]) Während jener Zeit aber war Russ nicht in Luzern, sondern in der Wallachei, und kämpfte gegen die Türken;[2]) desshalb bemerkt er hier (1482): „als ich vernimm". Mit den oben angeführten Worten schliesst der vorliegende Abschnitt und es folgt unmittelbar der Laupenkrieg (1339). Dieser Umstand lässt vermuthen, dass Russ, als er diesen Abschnitt schrieb, nicht recht wusste, in welche Jahre König Wenzels Regierung falle. Erst später,[3]) als er in der Bernerchronik weiter gelesen, fand er dort einen Abschnitt über diesen König und schrieb ihn aus, indem er hinzufügt: „Ir söndt aber mich merken dz nit der Küng Wentzelaus ist der zu Prag litt und canonisirt ist." Die luzernische Tradition scheint somit zu Russens Zeiten den König Wenzel, welcher der Stadt einige Freiheiten verliehen hatte, schon mit dem heiligen Wenzel († 936) verwechselt zu haben! Zur Besei-

---

[1]) s. Segesser: Rechtsgeschichte d. Cant. Luzern I, p. 165, N. 2.
[2]) s. Russens Leben, von Th. v. Liebenau, p. 3, N. 2.
[3]) vgl. Russ p. 164 mit Justinger p. 148 (Abschnitt Nr. 229).

tigung dieses Irrthums war allerdings der Abschnitt der Bernerchronik sehr geeignet; überdiess aber schliesst Russens Chronik mit einem Fragment der 1400 gegen Wenzel gerichteten Absetzungsurkunde.[1]) Der schon erwähnte, ausführliche Bericht der Bernerchronik über den **Laupenkrieg** enthält bei Russ keinerlei Ergänzungen.[2]) Wohl aber folgt auf denselben (p. 117) eine kurze Nachricht über die 1340 zu **Luzern erfolgte Feuersbrunst**, wie sie schon in dem noch erhaltenen **Bürgerbuche**,[3]) auf welches wir später zurückkommen werden, erwähnt wird. Von diesem Brande her leitet Russ (p. 118) den alljährlichen **Bittgang** um die **Müsegg**, von welchem er nur die Anordnung beschreibt, wie sie zu seiner Zeit (um 1482) beobachtet wurde; er bedurfte somit über diesen Bittgang keiner schriftlichen Quelle. Diese bei Russ beschriebenen Anordnungen sind im Wesentlichen dieselben, welche schon 1410 getroffen und 1470 und 1477 ergänzt wurden.[4]) Ausserdem bringt Russ schon mit diesem Brande von 1340 den **Streit in Verbindung, welcher zwischen Luzern und Unterwalden wegen des Bürgenberges** waltete und welcher urkundlich erst 1378 beigelegt wurde.[5]) Diese urkundliche Schlichtung des Streites erwähnt Russ allerdings später (p. 156), am chronologisch richtigen Orte, in einem besondern Abschnitte, welcher einen Auszug aus der betreffenden **Urkunde**, sowie auch ihr Datum enthält. Hier jedoch (p. 120), nach dem Brande von 1340, erzählt er, wie die Unterwaldner, den obwaltenden Streit vergessend, der brennenden Stadt in

---

[1]) Russ p. 229—232.
[2]) Vgl. Russ p. 87—116 mit Justinger p. 72—94 (Abschnitt N. 134).
[3]) abgedr. s. Geschichtsfreund XXII. p. 152; vgl. Russ p. 117.
[4]) s. Schnellers Anmerkung N. 151 zu Russ p. 119.
[5]) s. Segesser: Rechtsgeschichte I, p. 343.

Schiffen zu Hilfe geeilt seien und durch ihre Versicherung: „Uewer Leid ist unser Leid", eine Versöhnung herbeigeführt hätten: „Darnach ward die Sach bericht und bleib der Bürgenberg den Burgeren von Lutzern, als sy den angesprochen hatten." Vermuthlich schrieb Russ in diesem Abschnitte von der durch Hilfleistung herbeigeführten Versöhnung eine mündliche Ueberlieferung nieder und brachte sie mit dem Brande von 1340 in Verbindung, dessen Datum das Bürgerbuch erwähnt. Neben dieser Ueberlieferung lässt er ferner (p. 122), als eine weitere Folge jenes Brandes, eine Verordnung des Rathes bei Brandfällen folgen, welche „8 Jahr nach der Brunst" erlassen wurde und deren jedenfalls amtliche Quelle nicht bekannt ist. Schliesslich folgt noch (p. 127), bevor Russ sich wieder zur Bernerchronik wendet, eine 1380 datirte Grenzbereinigung zwischen Luzern und Unterwalden wegen des Hergiswaldes. Dieser Abschnitt, ohne allen Zusammenhang mit dem Vorhergehenden, ist offenbar ein Auszug aus der betreffenden Urkunde[1]) und gelangte aus Versehen schon an diese Stelle.

2. Einfluss des Luzerner Bürgerbuches.

Das erste Ereigniss nach der Schlacht bei Laupen, welches Russ wieder der Bernerchronik entnimmt, ist die Mordnacht zu Zürich (1350), welcher eine kurze Einleitung vorausgeht. Während diese Einleitung in der Bernerchronik beginnt: „In denselben Ziten. und vormals etwenneng Jar", lesen wir bei Russ: „Item anno Domini 1321 Jar"; im Uebrigen aber stimmt er wörtlich mit dem Berichte der Bernerchronik.[2]) Das Luzerner

---
[1]) abgedr. bs. Segesser: Rechtsgeschichte I, p. 337.
[2]) vgl. Russ p. 128—130 mit Justinger p. 113—114 (Abschnitt Nr. 170 u. 171).

Bürgerbuch, das wir über den Brand von 1340 benützt
sahen, spricht nicht von der Zürcher Mordnacht. Wohl
aber eröffnet jene Nachricht von 1340 eine **kurze Reihe
von Annalen**, welche enthalten: [1])
  1340 den Brand zu Luzern,
  1349 die Pest (lateinisch),
  1352 die Einnahme von Neu-Habsburg,
  1352 „   „   „ Zug,
  1354 die Belagerung von Zürich,
  1356 das Erdbeben zu Basel.
Ueber alle diese Ereignisse berichtet auch Russ, jedoch
mit Benützung der Bernerchronik. Letztere erwähnt, noch vor der Zürcher Mordnacht, die Pest von
1349, und diesen Abschnitt holt Russ hier noch nach.[2])
Auch die **Einnahme des Schlosses Habsburg** fehlt
nicht in der Bernerchronik, welche überhaupt über den
Krieg mit Oestreich, welcher nach der Mordnacht
von 1350 ausbrach, **mehrere Abschnitte** enthält. Der
erste derselben: „Die Kriege zwüschent der Herrschaft
von Oesterich und der Stat Zwürch" fehlt zwar gänzlich
bei Russ; dagegen finden wir bei ihm den **zweiten Abschnitt**: „Daz Habspurg am Lutzerse gewunnen
wart."[3]) Unter dieser Ueberschrift erzählt die Bernerchronik nicht nur die Einnahme dieses Schlosses, sondern
auch diejenige der Stadt Zug und die dritte **Belagerung Zürichs** durch Oestreich. Diesen grössern Abschnitt theilt Russ, ähnlich den entsprechenden drei Annalen des Bürgerbuches, in drei kleinere Abschnitte;

---

[1]) s. Fol. 52 b des Luzerner Bürgerbuches, abgedr. im Geschichtsfreund, Bd. XXII, p. 152.
[2]) vgl Russ p. 143 mit Justinger p. 111 (Abschnitt Nr. 165).
[3]) vgl. Russ p. 144 u. 147—149 mit Justinger, Abschn. Nr. 178.
Auf Russ p. 145—146 werden wir später zurückkommen.

zwei weitere Abschnitte der Bernerchronik,[1]) welche nur die vor Zürich lagernden Herren und Städte aufzählen und den Ausgang des Krieges erwähnen, lässt er ebenfalls folgen, sowie auch den Abschnitt über das Erdbeben von 1356, welcher sich in der Bernerchronik etwas später findet.[2]) Wenn nun schon diese Wahl und Anordnung des Stoffes, welchen Russ der Bernerchronik entnimmt, von den Annalen des Bürgerbuches beeinflusst erscheint, so ergibt die nähere Vergleichung des Textes, dass Russ allerdings die ausführlicheren Angaben der Bernerchronik zu Grunde legte, jedoch das Bürgerbuch zu ihrer Ergänzung benützte, soweit dessen Inhalt hiezu dienen konnte. So erscheint bei der Einnahme des Schlosses Habsburg[3]) das Datum: „am Pfingsttage" als eine dem Bürgerbuche entnommene Ergänzung. Deutlicher aber tritt die Benützung dieser letzern Quelle bei der Belagerung Zürichs zu Tage. Die Belagerung dieser Stadt durch den Herzog von Oestreich, welche die Bernerchronik unmittelbar nach der Einnahme von Zug (1352), jedoch ohne Jahreszahl, erzählt und welche nur als „die dritte" bezeichnet wird,[4]) hält Russ für dieselbe, von welcher das Bürgerbuch sagt: „1354 do lag der Römsch Keiser, der Herzog von Oesterich mit aller ir Macht, und des Richs Stette bi dem Rin und in Swaben vor Zürich, und waren die von Lucern und die Waldstette darinnen belegert." Desshalb bemerkt Russ mitten im Texte der Bernerchronik, wo das Heer des Herzogs auf 100,000 Mann geschätzt

[1]) vgl. Russ p. 150–153 mit Justinger. Abschnitt Nr. 179–180.
[2]) vgl. Russ p. 153–154 mit Justinger p. 124 (Abschnitt Nr. 189).
[3]) vgl. Russ p. 144 mit Justinger p 117, 12 und mit Bürgerbuch Fol. 52 b.
[4]) vgl. Russ p. 147–148 mit Justinger p. 117, 20 und mit Bürgerbuch Fol. 52 b.

wird: „Denn Keiser Karolus der vierde was ouch da mit siner Macht, dem Herzogen zu Bystandt. Nun hatten die von Lutzern, Ure, Switz und Underwalden zu Hilf und Trost denen von Zürich jr Söldner dargelegt, sy zu beschirment." Nach dieser Einschaltung fährt Russ wieder mit der Bernerchronik fort. Erst nachdem diese Belagerung Zürichs in Folge eines Vertrages (1352) aufgehört, wird auch in der Bernerchronik, zum ersten Mal, Karl IV erwähnt: „In den Dingen kam Küng Karl in das Land; dem klagt der Herzog von Oesterich, daz im die von Zwürich vil Unrechts teten; soverre daz Küng Karl gen Zwürch fur, und verhorte der Eidgnossen alte Friheitbrief," u. s. w. Da nun Russ Karl IV schon vorher, dem Bürgerbuche folgend, bei der Belagerung Zürichs erwähnt hatte, so ersetzt er die vorliegende Stelle [1]) der Bernerchronik durch die Worte: „Und als jr davor gehört handt das Küng Karolus ouch vor Zürich gelegen ist, das hat die Gestalt gehept, das er den Krieg ouch gern gericht hette, und verhört der Eidgnossen alte Fryheit," u. s. w. Im Uebrigen schreibt Russ seine Quelle wörtlich aus.

Wiewohl, nach dem bisher Gesagten, eine gewisse Verwandtschaft zwischen Russ und dem Luzerner Bürgerbuche nicht zu verkennen ist, so erheben sich immerhin einige Bedenken gegen die Annahme, dass Russ diese Annalen wirklich dem noch erhaltenen Bürgerbuche entnommen habe. Wir finden nämlich in seiner Chronik (p. 145) zwischen die Einnahme von Zug (1352) und die Belagerung von Zürich (1354 laut Bürgerbuch) einen Abschnitt eingeschaltet aus dem Jahre 1353: „Was zu Eschenbach beschach." Ausserdem begegneten wir schon früher drei Abschnitten aus den Jahren 1305, 1308

---

[1]) vgl. Russ p. 149 mit Justinger p. 118, 29 etc.

und 1336,[1]) deren Quellen wir nicht zu bestimmen vermochten und von welchem das erhaltene Bürgerbuch keine Spur enthält. Die Entstehung dieses Buches ist überhaupt **jünger als alle bisher erwähnten Ereignisse**, indem dasselbe erst 1357 vom damaligen Stadtschreiber Werner Hofmeyer angelegt wurde.[2]) Hofmeyer hatte offenbar die Absicht, mit diesem Buche, in welches jeweilen die neu aufgenommenen Bürger eingetragen wurden, auch ein kleines Zeitbuch zu verbinden, welches zur Anmerkung wichtiger Ereignisse dienen sollte. Diesem besondern Zwecke scheint er den letzten Viertel des 70 Blätter starken Pergamentbandes bestimmt zu haben; desshalb begann er auf Blatt 52 b mit Eintragung der schon erwähnten Annalen (1340 bis 1356). Von diesen Annalen müssen wir bezweifeln, dass sie Hofmeyer, als er 1357 das Buch anlegte, lediglich aus dem Gedächtnisse niedergeschrieben habe; wir finden nämlich den ersten Artikel (1340) **deutsch**, den folgenden (1349) **lateinisch** und die übrigen (1352—1356) wieder **deutsch** geschrieben, und aus diesem Wechsel der Sprache können wir schliessen, dass diese Aufzeichnungen nicht gemeinsam entstanden sind, sondern **ursprünglich Jahr für Jahr niedergeschrieben wurden**. Wir müssen somit vermuthen, dass Hofmeyer hier eine ältere Quelle vor sich hatte, und in der That findet sich im Bürgerbuch, Fol. 10 a, bei einer Bürgeraufnahme von 1370, eine Bemerkung, welche auf das „alte Buoch" verweist;[3]) wir haben daher keinen Grund zu bezweifeln, dass schon jenes, jetzt **verlo-**

---

[1]) Russ p. 70, 71 u. 86.
[2]) Laut einer Notiz auf Fol. 1 des Bürgerbuches, im Geschichtsfreund XXII, p. 151.
[3]) vgl Schnellers Vorwort zum Bürgerbuch, im Geschichtsfreund XXII, p. 151.

rene, ältere Bürgerbuch einige annalistische Aufzeichnungen enthielte und dass Hofmeyer seine Annalen von 1340—1356 aus diesem „alten Buoch" abschrieb. Gehen wir im erhaltenen Bürgerbuche weiter, so ist das erste Ereigniss, welches auf obige Annalen folgt, eine Nachricht zum Jahre 1360, über den Ankauf verschiedener Mühlen durch die Stadt, in deutscher Sprache verfasst. Schon der folgende Artikel aber meldet uns, in lateinischer Sprache, die Pest desselben Jahres 1360 und den Tod Hofmeyers. Diese Nachricht ist zugleich die einzige, welche sein Nachfolger im Stadtschreiberamte, Johannes Fricker von Brugg (1360 bis 1378 [1]) zu den begonnenen Annalen hinzufügte; wohl aber ist von ihm an anderer Stelle jene Bemerkung zu 1370, welche auf das „alte Buoch" verweist. Auch der folgende Stadtschreiber, Niklaus Schulmeister, ein Geistlicher aus Strassburg, welcher bis nach 1395 [2]) im Amte blieb, schrieb zwar lateinische Annalen über den Sempacherkrieg (1385—1388), jedoch fügte er sie nicht als Fortsetzung an die Aufzeichnungen Hofmeyers (Fol. 52 b), sondern wählte für sie einige andere frei gebliebene Blätter (21 b u. 22 a). Ueberhaupt sind zwei lateinische Notizen aus dem XV Jahrhundert, über Feuersbrünste von 1412 und 1422, das Einzige was wir an jene von 1340 bis 1360 fortgeführten Annalen angefügt finden. Ausserdem finden sich in diesem Bürgerbuche (Fol. 49 a) noch drei deutsch geschriebene Nachrichten von 1417 bis 1422, sowie auch (Fol. 17 b) die, jedenfalls erst spät eingetragenen, Jahrestage der

---

[1]) Ueber Joh. Fricker s. Schnellers Vorrede zu Russ, p. XII, Anm. 2.
[2]) Ueber Nikl. Schulmeister s. Schnellers Vorrede zu Russ, p. XII, Anm. 3.

Schlachten am Morgarten und bei Laupen (1315 u. 1339), und zwar Erstere mit der irrigen Jahreszahl 1316! Ausser diesem rein annalistischen Inhalte enthält das Buch, neben den Bürgeraufnahmen, noch allerlei zerstreute Notizen über Bauten, Käufe, Rathsbeschlüsse u. s. w., deren Aufzeichnung einen amtlichen Zweck hatte, so z. B. eine Notiz über den Bau der neuen Ringmauer von 1408 (auf Bl. 23b).

Wenden wir uns nun wieder zu Russ, so sahen wir oben, dass die von ihm benützten Annalen (1340—1356) vermuthlich schon im alten Buche sich vorfanden. Dagegen zeigt Russ an einer spätern Stelle seiner Chronik (p. 208), wo er ein Ereigniss aus den letzten Jahren des XIV Jahrhunderts erzählt, dass ihm Hofmeyers Todesjahr (1360) gänzlich unbekannt war und dass er somit die betreffende Notiz, welche im neuen Bürgerbuch (Fol. 52 b) unmittelbar auf die Annalen von 1340—1356 folgt, damals noch nicht kannte. Ebenso findet sich auch von den Annalen des Sempacherkrieges, wie sie dasselbe Buch (Fol. 21 b—22 a) enthält, bei Russ, wie wir sehen werden, keine sichere Spur. Erst zum XV Jahrhundert finden wir bei ihm zwei kleine Abschnitte, welche auf eine Benützung des neuen Buches hinweisen; zunächst erwähnt er (p. 202) den oben angeführten Bau der Ringmauer von 1408,[1]) mit der Bemerkung: „als ich das eigentlich in der Stadt Lutzern Burger- und Rechnungbücheren funden han"; sodann begegnet uns (p. 229), wörtlich übereinstimmend, die lateinische Notiz über den Brand von 1412,[2]) welche sich im Bürgerbuche auf demselben Blatte (Fol. 52 b) findet, wie die alten Annalen von 1340—1356 und die Nachricht von

---

[1]) vgl. Russ p. 202 mit Geschichtsfreund XXII, p. 159).
[2]) vgl. Russ p. 229 mit Geschichtsfreund XXII, p. 159.

1360 über Hofmeyers Tod. Da nun diese letztere Angabe unserm Chronisten, so lange er über das XIV Jahrhundert schrieb, nicht bekannt war, so müssen wir hieraus schliessen, dass er das neue Bürgerbuch erst über das XV Jahrhundert zu Rathe zog und dass er die Nachrichten des XIV Jahrhunderts (1340 bis 1356), welche er mit diesem Buche gemein hat, nicht aus diesem schöpfte, sondern direct aus jenem „alten Buoch", auf welches noch 1370 Johannes Fricker verweist und aus welchem ohne Zweifel schon Hofmeyer, als er 1357 das neue Buch anlegte, jene Annalen von 1340—1356 abschrieb. Dieses ältere Bürgerbuch dürfte wohl, gleichwie das noch erhaltene älteste Stadt- oder Rathsbuch,[1]) wenigstens zu Anfang des XIV Jahrhunderts angelegt worden sein. Da wir nun keineswegs wissen, in wie weit Hofmeyer durch seine Uebertragung in's neue Buch den annalistischen Inhalt des alten erschöpfte, so können wir auch nicht die Möglichkeit bestreiten, dass Russ in diesem alten Buche mehr Nachrichten vorgefunden habe, als er dem neuen hätte entnehmen können. Da wir nun in der That bisher vier Abschnitte aus unbekannter Quelle[2]) gefunden haben, welche Ereignisse aus den Zeiten des alten Bürgerbuches enthalten (1300—1356), so haben wir zu untersuchen, in wiefern der Inhalt dieser Abschnitte diesem verlorenen Buche kann entnommen sein.

Von diesen vier Abschnitten erwähnen die beiden erstern (p. 70 u. 71) einen Strassenbau von 1305 und den Tod König Albrechts (1308), während die beiden letztern von zwei Treffen berichten, nämlich (p. 86) „zu Buchennans (Buonas) 1333", und „zu Eschen-

---
[1]) s. Schneller, im Geschichtsfreund III, p. 71 ff., wo Einiges aus diesem Stadtbuche mitgetheilt wird.
[2]) Russ p. 70, 71, 86 u. 145.

bach 1353" (p. 145). Ueber letzteres Treffen ist Russ die älteste erhaltene Quelle, dasjenige zu Buonas dagegen wird, wenn auch ohne Nennung des Ortes und ohne Jahreszahl, schon von Johann von Winterthur erwähnt.[1]) Laut diesem Zeitgenossen verbanden sich die Luzerner, unter Pabst Benedict XII (1335—1342), mit den Schwyzern und führten einen erbitterten Krieg gegen Oestreich. Als sie von einem Streifzuge heimkehrten, wurden sie vom Herrn von Ramswag, dem östreichischen Vogte zu Rothenburg, überfallen und verloren gegen 80 Mann, so dass die übrigen mit Noth entkamen; nach dieser Niederlage baten sie um Frieden. Aus den Friedensbedingungen, welche der Chronist uns mittheilt, geht hervor, dass hier der urkundlich am 18. Juni 1336 zwischen Oestreich und Luzern geschlossene Vertrag gemeint ist. Der Herr von Ramswag aber, welchen unser Gewährsmann als Vogt von Rothenburg bezeichnet, bekleidete dieses Amt wenigstens im Sommer 1335 noch nicht, sondern erst im Frühjahr 1336; es muss somit die Niederlage der Luzerner in diese Zeit fallen. Wenn nun Russ (p. 86) von einem Treffen zu Buonas, „uff St. Gertrudis Tag" (17. März) spricht, so lassen sich diese Angaben sehr wohl auf denselben Kampf beziehen, welchen Johann von Winterthur erzählt; die Jahreszahlen aber finden sich bei Russ so oft verschrieben, dass wir wohl auch hier annehmen dürfen, 1333 sei aus 1336 entstanden (III aus VI). Wie der Bericht des Zeitgenossen von 80 Todten spricht, so lesen wir auch bei Russ: „da verluren die Waldstett vill Lüten". Allerdings fügt Russ hinzu: „doch behubent sy das Veldt;" jedoch finden wir denselben Zusatz auch zum Treffen bei Eschenbach (p. 146), in welchem eben-

---

[1]) p. 114 der Ausgabe von G. v. Wyss.

falls „vil Lüten" umkommen. Zudem wird uns das Treffen bei Buonas auch dadurch als eine Niederlage bestätigt, dass das Jahrzeitbuch des benachbarten Küssnacht ausdrücklich zum 17. März bemerkt[1]): „wo von einer Eidgnossenschaft vil bider Lüten umkommen." Es lässt sich somit nicht bezweifeln, dass die „Schlacht bei Buonas", welche Russ erwähnt, am 17. März 1336 wirklich geschah und einen für die Luzerner und Waldstädter nachtheiligen Ausgang nahm. Was nun das Treffen bei Eschenbach (p. 145) betrifft, so fehlt uns über dasselbe jede andere Quelle, um die Angaben unseres Chronisten zu controlliren; denn das Werk des Franziskaners von Winterthur reicht nur bis 1348. Jedoch haben wir allen Grund zur Annahme, dass Russ die Jahreszahl 1353 in seiner Quelle vorfand; denn wir finden den betreffenden Abschnitt zwischen Ereignissen, welche das Bürgerbuch 1352 und 1354 datirt; auch können wir das Schweigen des Zürcher Chronisten Eberhard Müllner[2]) nicht als genügenden Grund betrachten, um die bei Russ erwähnte Thatsache zu bezweifeln. Wie er bei Buonas zunächst nur das Datum angibt und die Waldstädter „vil Lüten" verlieren lässt, so berichtet er auch hier zunächst nur, dass 1353 „uff einen Montag" zwischen dem Herzog von Oestreich und den Luzernern eine Schlacht vorfiel: „Da verlurent die von Lutzern vil Lüten." Nun ist es sehr wohl denkbar, dass in dieser Gestalt beide Treffen im alten Bürgerbuche erwähnt wurden, dass sie aber, als Niederlagen, bei Anlage des neuen Buches von Hofmeyer absichtlich übergangen wurden. Denn es ist bemerkenswerth, dass Letzterer, neben Naturereignissen wie

---

[1]) s. Schnellers Anmerkung Nr. 116 zu Russ p. 86.
[2]) Herausgegeben von Henner, in der als »Klingenberger Chronik« bekannten Ueberarbeitung.

Feuersbrünste, Pest und Erdbeben, nur solche politische Begebenheiten verzeichnet, an welchen sich die Luzerner mit Erfolg betheiligsten, wie die Einnahme von Zug und von Habsburg, oder die Vertheidigung von Zürich.[1]) Wenn somit die Annahme zulässig ist, dass das alte Bürgerbuch über beide Treffen annalistische Notizen enthalten habe, so finden sich immerhin in den beiden Abschnitten bei Russ noch Zusätze, welche nicht wohl jener Quelle angehören können. Auf den verdächtigen Zusatz: „doch behubent sy das Veldt," haben wir bei beiden Abschnitten schon hingewiesen. Weiter aber bemerkt Russ (p. 86) zu Buonas: „Darnach über etwo mengs Jar, do machtend die dry Waldstett Ure, Schwitz und Unterwalden ein Punt mit denen von Bern, darin aber die von Lutzern nit gan wolten." Ein solcher Bund wurde urkundlich schon 1323, also lange vor Buonas, geschlossen und es ist dies der einzige, welcher dem ewigen Bunde von 1353 vorangieng; jedenfalls aber zeigt uns die unbestimmte Zeitangabe, dass der Verfasser obigen Zusatzes weder ein Zeitgenosse war, noch die Urkunde von 1353 benützte. Hingegen ist hier daran zu erinnern, dass bei Russ, unmittelbar nach dem vorliegenden Abschnitt, der Bericht der Bernerchronik über die Schlacht bei Laupen folgt, in welcher die Waldstädte sich thatsächlich als Berns Bundesgenossen erweisen. Wir haben daher die vorliegende Stelle lediglich als einen erläuternden Zusatz unseres Chronisten aufzufassen, worin er zu erklären sucht, warum die Luzerner nicht auch, wie die Waldstädte, bei Laupen kämpften. Allerdings schreibt Russ später (p. 115), mit dem ganzen Schlachtbericht der Ber-

---

[1]) s. die Annalen des Bürgerbuchs von 1340—1356, im Geschichtsfreund XXII, p. 152.

nerchronik, auch die Bemerkung Dittlingers mit ab, wonach Bern und die Waldstädte einander „dazumal nit pflichtig noch verbunden warent", sondern nur „von grosser Liebi wegen und Fründschaft" einander geholfen hätten. Jedoch ist Russens Chronik kein so genau durchgearbeitetes Werk, dass wir nicht annehmen dürften, er habe beim Ausschreiben der Bernerchronik übersehen, dass die irrige Bemerkung Dittlingers mit seiner eigenen richtigen Vermuthung im Widerspruch steht.

Wie hier, so ist es offenbar auch im Abschnitte vom Treffen bei Eschenbach ein Zusatz unseres Chronisten, wenn er (p. 146) nach den Worten: „Da verluren die von Lutzern vil Lüten", noch fortfährt: „Dann der Hertzog understundt sy von dem Rich zu bringen, als sy ouch daran kummen warent uss mengerlei Ursachen, als jr vor und nach hören werdent; doch behubent die von Lutzern das Veld." Wie wir früher sahen, datirt Russ (p. 45) die Reichsfreiheit Luzerns schon von 1274. Bei Buonas (p. 86) wurde weder Oestreich noch Luzern genannt, sondern nur die Waldstädte; desshalb schweigt dort Russ über das Verhältniss der Stadt zu Oestreich. Hier aber wusste er aus dem Bürgerbuch und der Bernerchronik, dass um 1353 Luzern sammt den übrigen Eidgenossen vom Herzog bekriegt wurde und dass Letzterer auch den Kaiser auf seine Seite brachte. Nachdem er nun nachträglich auch hier, wie bei Buonas, den müssigen Trost hinzugefügt: „doch behubent die von Lutzern das Veld", schliesst er mit der Bemerkung: „Und ist dozemol Houptman gsin Herr Peter an der Brugge, Schultheys zu Lutzern." Auch diese Angabe ist insofern unrichtig, als nachgewiesenermaassen von 1350 — 1384 alle Schultheissen dem Geschlechte der Gundoldingen angehörten.[1]) Da-

---

[1]) s. Schnellers Anmerkung Nr. 4 zu Russ p. 146.

gegen kommt der genannte Schultheiss urkundlich 1307 vor und es kann daher möglicherweise dessen Sohn 1353 die Luzerner befehligt haben; in diesem Falle mochte Russ den Namen des Sohnes in irgend einem Jahrzeitrodel als „Hauptmann" gefunden und ihn mit seinem Vater, dem Schultheissen, verwechselt haben. Ueberhaupt bemühte sich Russ, wie wir bei der Schlacht bei Sempach sehen werden,[1]) jeweilen die Hauptleute zu nennen.

Nachdem wir gesehen, wie Russ über die Treffen bei Buonas und Eschenbach die annalistischen Nachrichten seiner Quelle zu erläutern und zu ergänzen sucht, bleiben uns noch die beiden Abschnitte vom Strassenbau von 1305 und vom Tode König Albrechts 1308. Dem erstern (p. 70) dürfte eine ähnliche Notiz zu Grunde liegen, wie das erhaltene Bürgerbuch eine solche z. B. über den Bau der Ringmauer von 1408 enthält.[2]) Auch der Tod König Albrechts mochte im alten Bürgerbuch in Kürze angemerkt sein; nur haben wir im betreffenden Abschnitte bei Russ (p. 71) die geschichtliche Aufzeichnung von der sagenhaften Zuthat wohl zu unterscheiden. Wenn wir nämlich hier eine annalistische Notiz voraussetzen, so kann dieselbe kaum mehr besagt haben, als dass 1308 „uff Philippi und Jacobi" der römische König „Albertus, Graf zu Habsburg," zu Windisch erschlagen wurde. Laut Russ aber fällt Albrecht an der Spitze seines Heeres, welches das Land verwüstet, im Kampfe gegen die Luzerner, welche mit ihrem Panner nach Windisch gezogen sind. Diese sagenhafte Erzählung von Albrechts Tode ist unverkennbar dem Tode seines Enkels Leopold bei Sempach

---

[1]) Russ p. 186.
[2]) abgedr. im Geschichtsfreund XXII, p. 159.

(1386) nachgebildet und kann somit erst im XV Jahrhundert entstanden sein; es ist daher dieser Abschnitt neben der früher angeführten Sage von der Zerstörung Rothenburgs ein neuer Beweis, wie sehr sich die Sage aller Erinnerungen aus dem XIV Jahrhundert bemächtigte und die geschichtlichen Thatsachen durcheinander warf. Auch diese Sage mag Russ, gleichwie die frühern von den zwei Raubschlösern, von den Harsthörnern und von Tell, der mündlichen Ueberlieferung entnommen haben, während er das Datum: „nff Philippi und Jacobi", vermuthlich im alten Bürgerbuche fand. Auffallenderweise setzt er hier noch keine Jahreszahl, sondern erwähnt sie nur nebenbei am Schluss, wo er die Luzerner rühmt: „da ich wol mag sprechen, wer ist der erst, in den Zyten, da Graf Albrecht von Habsburg Römscher Küng, der zu Windisch erschlagen wardt, wider die von Ure, Schwitz und Underwalden kriegt, in dem Jar 1298 (lies 1308), wer ist da der erst gsin, u. s. w. .... denn die von Lutzern." Russ lässt somit schon um diese Zeit, also lange vor dem ewigen Bunde von 1332, die Luzerner mit den Waldstädten gegen Oestreich Krieg führen. Diese seine Auffassung ist allerdings erklärlich, sobald wir eine Notiz im Bürgerbuch voraussetzen, welche von Albrechts Tod nur das Datum ohne nähere Angaben enthielt und somit unserm Chronisten als eine Bestätigung der damals verbreiteten Sage erscheinen musste. In gleicher Weise sahen wir schon oben, wie er (p. 119) mit der Notiz über den Brand von 1340 die Ueberlieferung von der Aussöhnung mit Unterwalden verband. Auf diesen Brand aber folgt, wie wir früher sahen, die der Bernerchronik entnommene Einleitung zur Zürchermordnacht, wobei Russ (p. 128) die unbestimmte Zeitangabe seiner Quelle durch „Item anno Domini 1321" ersetzt. Diese Einleitung handelt offenbar, wenn auch nur in allgemeinen Ausdrücken, von den Verbannungen, welche in Folge der Brun'schen Umwälzung, also 1336, zu Zürich erfolgten; es erscheint daher auch hier die Jahreszahl 1321 aus 1336 entstellt (MCCCXX..I, statt MCCCXXXVI), und es ist nicht unmöglich, dass auch diese Jahreszahl auf einer kurzen Notiz des alten Bürgerbuches beruht. Da nun Russ diese Zahl erst hier, nach 1340, nachholt, so können wir hieraus schliessen, dass er die betreffende Notiz ursprünglich übergehen wollte und erst nachträglich benützte, als er sah, dass sie als Ergänzung der Bernerchronik dienen könne. Wir ersehen hieraus, dass, wenn Russ das alte Bürgerbuch benützte, er den annalistischen Inhalt desselben nicht vollständig aufnahm, sondern dasjenige wegliess, was ihm unverständlich oder unpassend erscheinen mochte. Wir dürfen somit, wenn wir über die 1343 durch die östreichische Partei zu Luzern hervorgerufenen Unruhen bei Russ keine Sylbe finden, desshalb noch keineswegs schliessen, dass auch seine Quelle hierüber geschwiegen habe. Denn gleichwie Hofmeyer für gut fand, die noch in frischer Erinnerung lebenden Niederlagen bei Buonas und Eschenbach im neuen Buche zu übergehen, so mochte auch Russ es für unpassend halten, die Rückkehr der östreichischen Herrschaft zu erwähnen, während er sich bei den damals schon längst vergessenen Treffen bei Buonas und Eschenbach dadurch half, dass er diese Niederlagen zu blutigen Siegen machte. Aus diesem Verhalten unseres Chronisten ist es auch zu erklären, wenn er die Sage von der „Mordnacht" nirgends erwähnt, wiewohl der Bericht seines Zeitgenossen Etterlin uns genugsam zeigt, dass diese Sage damals allgemein bekannt war.[1]

---

[1] s. Etterlin p. 41—44.

Wenn wir somit annehmen müssen, dass die Annalen des alten Bürgerbuches, welche schon 1357 bei Anlage des neuen Buches benützt wurden, uns auch bei Russ nicht vollständig erhalten seien, so können wir immerhin, theils aus Russ, theils aus dem erhaltenen Bürgerbuch, für jenes verlorene Buch mit einiger Sicherheit auf folgenden annalistischen Inhalt schliessen:

	Russ.	Bürgerbuch.
1305 Strassenbau	p. 70	
1308 König Albrechts Tod (lat.?)	„ 71	
1336 Schlacht bei Buonas	„ 86	
1336 Unruhen in Zürich	„ 128 [1])	
1340 Brand in Luzern	„ 117	Fol. 52
1349 Pest (latein.)		„ „
1352 Einnahme von Habsburg	„ 144	„ „
1352 „ „ Zug		„ „
1353 Schlacht bei Eschenbach	„ 145	
1354 Belagerung von Zürich	„ 148	„ „
1356 Erdbeben zu Basel.		„ „

Ebenso mochten diese Annalen auch über die Schlachten am Morgarten (1315) und bei Laupen (1339), sowie über die Zürcher Mordnacht (1350), über welche Russ ausschliesslich die Bernerchronik ausschreibt, nur kurze Notizen enthalten.

Als 1357 ein neues Bürgerbuch angelegt wurde, wurden jene Annalen im alten Buche zunächst nicht mehr fortgesetzt, sondern der damalige Stadtschreiber Hofmeyer legte, wie wir sahen, im neuen Buche auch neue Annalen an. Jedoch sehen wir oben, dass schon 1360 Hofmeyer starb und dass sein Nachfolger diese neuen Annalen nicht fortsetzte. Gehen wir nun in Russens Chronik über das Jahr 1357 hinaus, so handelt

---

[1]) Von Russ nachträglich benützt.

der erste Abschnitt, welchem wir begegnen (p. 155) von
dem strengen Winter von 1363 auf 1364. Dieser Abschnitt ist viel ausführlicher als die entsprechende kurze
Notiz in der Bernerchronik¹) und berichtet speziell
über Luzern. Da nun jener Winter in die Amtsdauer
des Stadtschreibers Johannes Fricker fällt (1360 bis
1378), unter welchem das „alte Buoch" noch zum Nachschlagen gebraucht wurde, so ist sehr wohl denkbar,
dass dieser Nachfolger Hofmeyers, welcher in's neue
Buch keine Annalen eintrug, diese Nachricht noch
unter die bis 1350 reichenden Annalen des alten
Buches geschrieben habe. Wenn nun Russ unmittelbar hierauf²) den Abschnitt aus der Bernerchronik
über die Heuschrecken des folgenden Sommers 1364 folgen lässt, so können wir hieraus schliessen, dass Fricker
diese Naturerscheinung entweder gar nicht, oder nur in
aller Kürze erwähnte. Ueberhaupt hören mit 1364 die
bisher verfolgten Spuren der Luzerner Annalen auf. Zunächst folgt hier (p. 156), wie schon früher erwähnt, der
auf der Urkunde beruhende Abschnitt vom Gränzvergleich von 1378 zwischen Luzern und Unterwalden,
worauf Russ wieder ausschliesslich zur Bernerchronik
übergeht.³) Dieser Quelle entnimmt er, ausser dem schon
erwähnten Abschnitt über König Wenzel, den Bericht
über die sog. Engländer (Ingelram von Concy 1375)
sammt den dazu gehörigen Liedern, sodann die Kyburger Fehde (1382—1384) und schliesslich den Sempacherkrieg; nur dieser Letztere, zu welchem wir
nun übergehen, enthält einige Zuthaten unseres Chronisten.

¹) vgl. Justinger p. 124 (Abschnitt Nr. 193).
²) vgl. Russ p. 155 mit Justinger p. 124 (Abschnitt Nr. 195).
³) vgl. Russ p. 156—173 mit Justinger p. 141—159. Abschnitt
Nr. 221—225. 229. 234, 240 u. 241, 251 u. 252.

3. Sempacherkrieg.

Von den zahlreichen Abschnitten, welche die Bernerchronik über den Sempacherkrieg enthält, finden wir bei Russ nur die vier ersten, vom Anfange des Krieges und von der Schlacht bei Sempach, vollständig ausgeschrieben.[1]) Aus dem weitern Verlaufe des Krieges lässt er alles aus, was speziell von den Bernern oder Zürchern handelt, und nimmt nur sechs Abschnitte [2]) von allgemeinerer Bedeutung auf, wie die Mordnacht zu Wesen, die Schlacht bei Näfels oder die gleichzeitige Schlacht bei Weil in Schwaben. Russens Zuthaten aber beschränken sich auf die **Einnahme von Rothenburg**, womit der Krieg begann, und auf die **Schlacht bei Sempach.**

In dem erstern Abschnitte erwähnt die Bernerchronik unter den Ursachen des Krieges auch den drückenden Zoll, welcher zu Rothenburg erhoben wurde, und hier setzt Russ[3]) hinzu: „über das es den von Luzern umb 4800 Gulden verpfendt was." Nun ist allerdings nachgewiesen, dass 1385, als der Krieg ausbrach, Schloss und Herrschaft Rothenburg an Hemmann von Grünenberg verpfändet war,[4]) welchen auch die Bernerchronik und ihr nach Russ, als den damaligen Inhaber nennt; hingegen gieng später, laut Urkunde von 1395, diese Pfandschaft in der That um **4800 Gulden** auf Luzern über.[5]) Es ist daher denkbar, dass Russ diese von Oest-

---

[1]) vgl. Russ p. 174—190 mit Justinger p. 160—164 (Abschnitt Nr. 257—260).
[2]) vgl. Russ p. 203—205 u. p. 210—213 mit Justinger: Abschnitt Nr. 264, p. 166; Nr. 267, p. 168; Nr. 270, p. 169; Nr. 271, p. 170; Nr. 275, p. 172; Nr. 277, p. 173; Nr. 294, p. 182.
[3]) vgl. Russ p. 174 mit Justinger p. 161. 17.
[4]) s. Segesser: Rechtsgesch. d. Cant. Luzern I, p. 414.
[5]) Ibid.

reich an Luzern ausgestellte Urkunde sah und 1385 statt 1395 las, oder dass er wenigstens von ihrem Vorhandensein hörte, und nur die bezahlte Summe, nicht aber die Jahreszahl, genau wusste. Ferner sagt die Bernerchronik ¹) von der Einnahme des Schlosses nur: „und namen Rotenburg in;" bei Russ aber lesen wir: „und zugen mit jr statt zweien panern uss der Statt Lutzern für Rotenburg frü uff die Innocentum als man Mess hatt 1386, und nament Rotenburg in." Die Annalen Schulmeisters ²), im erhaltenen Bürgerbuch, melden hierüber nur: „1385 Die Innocentum cepimus oppidum et castrum Rotenburg;" sie konnten somit als Quelle hier nicht genügen. Dagegen lebte die Einnahme dieses Schlosses, wie wir früher bei Hemmerlin sahen, in der Sage fort, und es mochte sich auf diese Weise auch die Ueberlieferung, dass die Burg an „der Kindlein Tag" während der Messe genommen wurde, wohl erhalten haben. Für diese unsere Annahme spricht namentlich der Umstand, dass die Sage auch von der Einnahme des Schlosses zu Sarnen ungefähr dasselbe erzählt, indem diese Burg ebenfalls während der Messe und in der Weihnachtszeit genommen wird.³) Es konnte daher Russ das allerdings geschichtliche Datum „uff die Innocentum" ⁴) der mündlichen Ueberlieferung entnehmen und die Jahreszahl einfach aus der Combination ergänzen. Uebrigens sei gleich hier bemerkt, dass die entsprechende Stelle aus Schulmeisters Annalen die einzige ist, aus welcher sich irgendwie ihre Benützung durch Russ vermuthen liesse. Wenn Letzterer somit das Datum der Ueberlieferung entnahm, so

---

¹) vgl. Russ p. 175 mit Justinger p. 161, 20.
²) abgedr. im Geschichtsfreund XXII, p. 154.
³) s. das »Weisse Buch«, im Geschfrd. XIII.
⁴) »Kindleintag«, dritter Tag nach Weihnachten.

dürften dagegen die Worte: „mit jr statt zweien panern" nur in der erhaltenen Handschrift aus: „mit jr statt zeichen und paner" entstellt sein und sich somit als eine Ausmalung unseres Chronisten herausstellen. Wie über die Einnahme Rothenburgs, so ergänzt Russ seine Quelle noch über eine fernere Ursache des Krieges, nämlich über die Aufnahme von Sempach und Entlebuch in's Luzerner Burgrecht. Während die Bernerchronik[1]) nur bemerkt: „Sie namen ouch die von Sempach und von Entlibuch ze Burger", beseitigt Russ diese Worte und erwähnt diesen Gegenstand erst später, unmittelbar vor der Schlacht bei Sempach, in einem besondern Abschnitt (p. 181). Dieser Abschnitt bewegt sich genau in den Ausdrücken der noch erhaltenen, auf Sempach bezüglichen Urkunde[2]) und auch das Datum: „am 12ten Tag nach Wienacht" schliesst sich genau an Letztere an, während die kurze Notiz in Schulmeisters Annalen dasselbe mit „Die Epiphaniæ" ausdrückt.[3]) Ueber Entlebuch fügt Russ nur allgemein hinzu: „desgleichen die von Entlibuch ouch, und handts ouch die von Lutzern in jren Schirm genommen."

Gehen wir über zur Schlacht bei Sempach, so finden wir schon in der Bernerchronik dem eigentlichen Schlachtbericht, als besonderer Abschnitt, noch ein Verzeichniss der gefallenen Edeln beigegeben.[4]) Diesem Verzeichnisse lässt Russ (p. 186—188) die Namen der 18 gefallenen Luzerner vorangehen, welche er vermuthlich dem Jahrzeitbuche der St. Peterscapelle zu Luzern entnahm;[5]) ebenso bemerkt er am

---

[1]) Justinger p. 161, 21.
[2]) abgedr. bs. Segesser: Rechtsgeschichte I, p. 768.
[3]) abgedr. im Geschichtsfreund XXII, p. 154.
[4]) vgl. Russ p. 189—190 mit Justinger: Abschnitt Nr. 260, p. 164.
[5]) s. Schnellers Anmerkung Nr. 71 zu Russ p. 187.

Schlusse jenes Verzeichnisses der Edlen (p. 190), dass überhaupt auf östreichischer Seite 700 Mann gefallen seien. Vermuthlich fand er letztere Zahl auf demselben „Rodel", aus welchem er unmittelbar hierauf (p. 191 bis 196) ein viel ausführlicheres, **zweites Verzeichniss des gefallenen Adels** folgen lässt, unter der Ueberschrift: „Item diss nachgendig ist geschriben uss dem Rodell, so man jerlichen list uff St. Cirillen Tag im Heumonat, so an der Schlacht umbkumment sindt 1383" (lies 1386). Erst auf diese verschiedenen Todtenverzeichnisse folgen zum Schluss (p. 197—201) die 15 Strophen des **Schlachtliedes**: „Diss ist das Lied, so nach der Sempacher Schlacht gesungen wardt."

Ausser diesen verschiedenen Beilagen finden wir auch im eigentlichen **Schlachtberichte** noch einige Zusätze zum Texte der Bernerchronik.[1]) Wenn Russ zur Kunde von Leopolds Herannahen bemerkt: „dess die von Lutzern durch Kundschafter eigentlich bericht warent,"[2]) so ist dies eher eine Ausmalung als eine Ergänzung zu nennen; ebenso ist die angebliche Stärke des östreichischen Heeres zu 6000 Mann offenbar nur aus den 4000[3]) der Bernerchronik verschrieben. Während aber diese Quelle am Schlusse des Abschnittes, vor Aufzählung der erbeuteten Panner, nur in aller Kürze die allgemeine Beute und die Zahl der gefallenen Eidgenossen erwähnt, finden wir bei Russ unmittelbar vorher[4]) noch folgendes eingeschaltet: „Und ward da gewunnen zwen Wegen mit Stricken, da sy in Meinung warent, die Eidgnossen daran ze henken. Es was so vil Adels da, dass sy yemer den Vorstryt haben wolten und liessent die langen

---

[1]) vgl. Russ p. 181—186 mit Justinger, Abschnitt Nr. 259 (p. 162).
[2]) vgl. Russ p. 182 mit Justinger p. 163, 8.
[3]) Indem er IVM mit VIM verwechselte.
[4]) vgl. Russ p. 185 mit Justinger p. 163, 26.

Spitz an Stifflen abhöwen. Und dran, **dass die Heid ally von Blut des Adels und Eidgnossen nass ward.**" Die letztere Phrase ist offenbar dem von Russ mitgetheilten Schlachtliede entlehnt, dessen siebente Strophe (p. 200) mit dem Verse schliesst: „**Das dise grüne Heide, von Blut werde nass.**" Auch für die mitgeführten **Stricke** und die abgehauenen **Schuhschnäbel** liessen sich entsprechende Strophen anführen, jedoch nur aus dem grössern und **spätern Sempacherliede**,[1]) welches erst im XVI Jahrhundert aus verschiedenen ältern Liedern, worunter auch dasjenige bei Russ, und aus später hinzugedichteten Strophen zusammengesetzt wurde. Wohl mit Recht hat die neuere Forschung darauf hingewiesen, dass die hier in Frage kommenden zwei Strophen (Nr. 55 von den Stricken und Nr. 18 von den Schuhschnäbeln) viel eher vom Texte bei Russ beeinflusst sein könnten, als dass sich Letzterer als eine Prosaauflösung dieser Strophen nachweisen lasse.[2]) Dagegen mag Russ auch hier, wie in frühern Fällen, diese Zuthat der **Sage oder Ueberlieferung** entnommen haben. Von dem Abhauen der Schuhschnäbel finden wir zwar **keine ältere Spur als Russ**; dagegen lässt schon der „**Spruch von Sempach**", welcher wohl noch während des **Krieges gedichtet wurde**,[3]) den Herzog den belagerten Sempachern die Stricke zeigen, mit welchen er sie aufhängen wolle.

Wie schon erwähnt, finden sich diese Einschaltungen bei Russ unmittelbar vor der Stelle, wo die Bernerchronik den Verlust der Eidgenossen angibt. Wäh-

---

[1]) abgedr. bs. Liliencron: »Die historischen Volkslieder der Deutschen« Bd. I, Nr. 34, wo auch dasselbe Lied, wie bei Russ, unter Nr. 33.
[2]) Ibid. p. 129 u. 137.
[3]) s. Liliencron I, Nr. 32, p. 116.

rend diese Quelle hier nur bemerkt: „Und verlurent die Eidgnossen bi 120 Mannen", ändert Russ[1]) die Zahl in „80 und 2 Mann", und setzt hinzu: „Doch sturbent darnach aber 2 daheimen, wan sy gar groblichen wund waren, und verlor dhein Ort ein Manss mer wan das andre, sunder verlurent sy glich." Fragen wir nach der Richtigkeit dieser Angaben, so zeigen uns die aus Jahrzeitbüchern zusammengetragenen Todtenlisten bei Tschudi,[2]) dass in der That aus den vier Orten zusammen ungefähr 120 Mann fielen, wie die Bernerchronik angibt. Ebenso ist aus diesen Listen ersichtlich, dass die drei Waldstädte ungefähr gleich viel, d. h. jede 34 bis 36 Mann, verloren, während aus Luzern nur 18, also nur halb so viel umkamen. Russ irrt sich somit hier nur insofern, als er die Ueberlieferung vom gleichmässigen Verluste der drei Waldstädte auf alle vier Orte bezieht. Möglicherweise mag er auch auf den Gesammtverlust von 80 Mann durch Vervierfachung des Verlustes der Luzerner (18 oder in runder Zahl 20) gekommen sein; jedenfalls aber ist diese Zahl unrichtig. Dagegen dürften die zwei nachträglich Gestorbenen eine ächte Ueberlieferung sein. Wenn aber Russ (p. 186) nun fortfährt: „Es hand die frummen Houptlüt von Lutzern" u. s. w., so erfahren wir hier, ausser dem Namen des Luzerner Hauptmanns Petermann von Gundelfingen, nichts andres, als dass er auch die Hauptleute aus den drei Waldstädten gerne genannt hätte, „die ich mit Namen nit genemen kan." Den Luzerner Hauptmann aber kannte er aus dem Verzeichniss der gefallenen Luzerner, welches er, wie schon erwähnt, unmittelbar auf den Schlachtbericht folgen lässt. Es beschränken sich somit seine Ergänzungen zum Schlacht-

[1]) vgl. Russ p. 185 mit Justinger p. 163, 28.
[2]) Tschudi, Chronicon. helvet. I, p. 526—527.

berichte der Bernerchronik, ausser einigen unsichern Ueberlieferungen, auf die schon erwähnten Todtenlisten und auf das Schlachtlied. Auch die Aufnahme dieses Liedes erinnert an die Bernerchronik, welche ebenfalls, wenn auch nicht im vorliegenden Falle, doch hinter den meisten bedeutenderen Ereignissen die gleichzeitig entstandenen Lieder folgen lässt. Die Ueberschrift, welche Russ diesem Liede gibt: „Diss ist das Lied, so nach der Sempacher Schlacht gesungen wardt", ist wohl mit Recht dahin gedeutet worden,[1]) dass er noch andere auf jene Schlacht bezügliche Lieder kannte, jedoch nur dieses als in jener Zeit entstanden ansah und desshalb als historisch glaubwürdig hielt.

Wenn wir nun zum Schluss nach der Ursache fragen, warum Russ über die That Winkelrieds gänzlich schweigt, so müssen wir vor allem daran erinnern, dass dieses Schweigen keinenfalls als Argument gegen die Thatsache selbst gelten kann, indem uns dieselbe durch ein älteres Zeugniss, nämlich durch die in neuerer Zeit bekannt gewordene Handschrift der Zürcherchronik[2]) schon vor Russ beglaubigt wird. Ebensowenig lässt sich bei unserm Chronisten ein absichtliches Schweigen voraussetzen, indem er, wie wir sahen, gerne auch die Hauptleute aus den Waldstädten genannt hätte und somit keineswegs die Ehre des Tages ausschliesslich für Luzern in Anspruch nimmt. Es nöthigt uns somit dieses sein Schweigen zur Folgerung, dass Winkelrieds That ihm unbekannt war und dass sich überhaupt über dieselbe zu Luzern keine Ueberlieferung erhalten hatte. Es muss sich somit die Erinnerung an Winkelried noch zu Russens Zeit auf die Heimat des Helden, auf Unter-

---

[1]) s. Liliencron, a. a. O. zu Nr. 33.
[2]) Ueber diese Handschrift s. G. v. Wyss: »Ueber eine Zürcherchronik des XV Jahrhunderts«.

walden, beschränkt haben. Bei dieser letztern Voraussetzung kann uns das Schweigen unseres Chronisten nicht befremden, indem sich überhaupt in seinem Werke nirgends eine Spur findet, welche auf mündliche Mittheilungen aus Unterwalden schliessen lässt, während dies dagegen bei Uri, wie wir sahen, mehrmals der Fall ist. Die Ursache dieser Erscheinung liegt zunächst darin, dass die persönlichen Beziehungen, welche Russ zu Uri hatte, ihm zu Unterwalden fehlten; desshalb berichtet er uns wohl, was die Urner sich vom Tell erzählten, und weiss dagegen nichts von den Sagen von der Vertreibung der Vögte, wie sie in Unterwalden erzählt und schon vor Russ im „Weissen Buche" zu Sarnen niedergeschrieben wurden. Wir können somit aus Russens Schweigen keineswegs schliessen, dass Winkelried auch in Unterwalden gänzlich vergessen war, sondern nur, dass man in Luzern nichts von ihm wusste. Letzterer Umstand aber lässt vermuthen, dass von Anfang an, d. h. unmittelbar nach der Schlacht, die Heldenthat des Unterwaldners wenig beachtet und schwerlich als Ursache des Sieges anerkannt wurde, und dass nur seine Landsleute und nähern Kampfgenossen, die Unterwaldner, sein Andenken bewahrten. Daher ist es zu erklären, dass wir bis zu Ende des XV Jahrhunderts über Winkelrieds That kein anderes Zeugniss besitzen, als die schon erwähnte Stelle jener handschriftlichen Zürcherchronik, welche nicht einmal den Namen des Helden nennt.[1]) Erst im XVI Jahrhundert finden wir ihn als „einen Winkelried" genannt und gepriesen, und zwar im grossen Schlachtliede,[2]) auf dessen betreffenden vier Strophen Alles beruht, was seither über Winkelried geschrieben und gedichtet wurde.

[1]) Es wird nur »ein getrüwer Eidgnoss« erwähnt.
[2]) s. Liliencron a. a. O. Nr. 34.

Unmittelbar nach der Schlacht bei Sempach finden wir bei Russ (p. 202), bevor er zur Fortsetzung des Krieges übergeht, jenen schon erwähnten Abschnitt über den Bau der neuen Ringmauer von 1408, dessen Schlussworte die benützten Quellen ausdrücklich bezeichnen: „Als ich das eigentlich in der Statt Lutzern Burger und Rechnungbüchern funden han."[1]) Der Umstand, dass dieser Abschnitt schon hier sich findet, lässt vermuthen, dass Russ im neuen Bürgerbuche Nachrichten über die Schlacht bei Sempach suchte; jedoch enthalten Schulmeisters lateinische Annalen[2]) keine wesentliche Ergänzung zum Berichte der Bernerchronik, wesshalb sich auch ihre Benützung bei Russ nicht nachweisen lässt. Bei diesem Suchen aber mochte er auf die vereinzelte Notiz zu 1408 gestossen sein, welche sich auf dem nächstfolgenden Blatte (Fol. 23) findet; was er hier über den Lohn der Bauleute ergänzt, mag den „Rechnungbüchern" entnommen sein, welche er übrigens nur hier benützt.

Nach dieser Einschaltung lässt Russ die wenigen Abschnitte folgen welche er, über die Fortsetzung des Krieges, der Bernerchronik entnimmt. Wie schon erwähnt, enthalten dieselben keine Zusätze. Dagegen finden wir zwischen die Schlacht bei Näfels und die Belagerung von Rapperswyl (1388) drei weitere Abschnitte aus der Bernerchronik eingeschaltet, welche der Zeit nach erst nach dem Schlusse des Krieges folgen sollten.[3]) Während der erste derselben nur von der Witterung des Jahres 1393 handelt, werden im

---

[1]) vgl. Russ p. 202 mit Bürgerbuch Fol. 23 im Geschfrd. XXII. p. 159. — s. oben p. 70.
[2]) s. Geschfrd. XXII, p. 154.
[3]) vgl. Russ p. 205—209 mit Justinger: Abschnitt Nr. 290 (p. 178), Nr. 293 (p. 179—182), Nr. 300 (p. 185).

zweiten und dritten zwei Privathändel erzählt, bei welchen sowohl Bern als Luzern betheiligt waren. Der erstere[1]) betrifft einen Ulrich Wagner von Willisau, welcher 1394 sich gegen einen Berner einer Fälschung schuldig machte und später wegen eines Mordversuches zu Luzern hingerichtet wurde. Dieser Mordversuch zu Luzern geschah gegen die Magd des damaligen Stadtschreibers, welcher jedoch in der Bernerchronik nicht mit Namen genannt wird; desshalb bemerkt Russ (p. 208): „Aber dass ich möge wüssen, welchem Stattschriber, ob es dem Fricker, dem Hoffmeyer, dem Schulmeister, dem Förscher oder dem Recher beschchen sig, mag ich nit wüssen. Doch so mein ich dem Datum nach es syge dem Stattschriber Hoffmeyer bescheen." Diese Stelle, auf welche wir schon früher, bei Anlass des Bürgerbuches hingewiesen haben, zeigt uns dass Russ, als Sohn des Stadtschreibers und als Kanzleigehilfe, alle Stadtschreiber aus der zweiten Hälfte des XIV Jahrhunderts dem Namen nach kannte, jedoch keineswegs wusste, in welche Jahre ihre Amtsdauer falle.[2]) Während Russ im übrigen den Wortlaut dieses Abschnittes unverändert lässt, erscheint dagegen in dem folgenden: „Ein Stoss zwischen Bern und Lutzern", der Text der Bernerchronik durchweg überarbeitet.[3]) Derselbe handelt von einem Streite zwischen den Bernern und einem „Junker Wernli," der zu Basel wohnhaft, jedoch „denen von Lutzern zugehorte," und schliesslich vor den Thoren Luzerns ermordet wurde, so dass zwischen letzterer Stadt und Bern sich desshalb ernstliche Zerwürfnisse erhoben. Selbstverständlich nimmt

---

[1]) vgl. Russ p. 206—208 mit Justinger, Abschnitt Nr. 293.
[2]) Ueber die Stadtschreiber jener Zeit s. Schneller's Vorrede zu Russ (p. XII, Nr. r).
[3]) vgl. Russ p. 208—209 mit Justinger, Abschnitt Nr. 300.

die Bernerchronik Partei für die Berner, indem sie behauptet, dass „Junker Wernli" den Letztern offene Fehde angesagt habe, so dass seine Tödtung nicht als Meuchelmord könne bezeichnet werden. Russ dagegen, als Luzerner, nimmt Partei für seine Mitbürger und ändert in diesem Sinne den Text seiner Quelle, jedoch ohne neue Thatsachen hinzuzufügen. Einzig bemerkt er am Schluss (p. 209): „Dis was ouch vast die Ursach, als ich da vor geschriben han, wie die ober Ringmur mit den Durnen gemacht wardt." Diese Angabe finden wir bestätigt in der Chronik des „Weissen Buches" zu Sarnen, welches denselben Streit unabhängig von der Bernerchronik erzählt[1]) und dessen Verfasser durchweg nur die mündliche Ueberlieferung niederschrieb.

Wie schon diese Einschaltungen theilweise in's XV Jahrhundert hinüberreichen, so gehören auch die weitern Abschnitte, welche Russ nach dem Sempacherkriege folgen lässt, schon ausschliesslich diesem Jahrhundert an.[2]) Es sind dies die Berichte der Bernerchronik über die Appenzellerkriege (1401—1408), über den Zugerhandel (1404) und über den zweiten Zug nach Domod'Ossola (1411). An letzterm Abschnitte ist bemerkenswerth, wie Russ beim Ausschreiben seiner Quelle alles übergeht, was speziell die Zürcher betrifft; desshalb fehlt bei ihm der erste Zug nach Domo (1410)[3]) gänzlich, und auch am zweiten wird die Betheiligung der Zürcher ausgelassen.[4]) Da überhaupt dieser Abschnitt in Russens Chronik einer der letzten ist, und Russ, wie wir früher sahen, bis 1487 an derselben ar-

---

[1]) Fol. 214 a des Weissen Buches, abgedr. im Geschfrd. XIII.
[2]) vgl. Russ p. 214—221, 227—229 mit Justinger: Abschnitt Nr. 314 (p. 189—192), Nr. 318 (p. 192), Nr. 338 (p. 207).
[3]) s. Justinger, Abschnitt Nr. 337.
[4]) vgl. Russ p. 227—229 mit Justinger, Nr. 338,

beitete, so dürfte die Ursache dieser Auslassungen in der erbitterten Stimmung zu suchen sein, welche damals zu Luzern, wegen Frischhanns Theilings Hinrichtung, gegen Zürich herrschte. Diesen Auslassungen gegenüber ist der Abschnitt vom Zugerhandel der einzige, in welchem Russ seine Quelle ergänzt.[1]) Da wo nämlich die Bernerchronik die bewaffnete Vermittlung der eidgenössischen Orte erwähnt, lässt auch hier Russ die Bemerkung aus:[2]) „und 400 Schützen hattend die von Zürich allein da", und hebt dagegen (p. 220) hervor, dass Luzern zuerst vor allen übrigen Orten mit 2000 Mann ausgezogen sei. Weiter fügt er noch (p. 221) an den Schluss des Abschnittes: „und gab man jnen darnach aber einen Ammann. Das wert also ein Zit. Da sparten sich darwider und meinten nüt das man jnen ein Ammann geben sölte. Und ward die Sach darnach zu Recht gesetzt, als jr das hören werden." Dieser Zusatz beruht offenbar auf dem Inhalte des „Spruchbriefes" von 1414, dessen Wortlaut Russ hier folgen lässt (p. 221 bis 226). Ebenso besagt auch der zunächst auf diese Urkunde (p. 227) folgende Abschnitt: „Warum man denen von Zug keinen Amman mer gibt", im Grunde nichts andres, als dass man den Zugern das Recht, ihren Ammann selbst zu ernennen, — „als obstat" (d. h. in der Urkunde) — in Güte wieder eingeräumt habe. Es beruhen somit die Ergänzungen zum Zugerhandel im Wesentlichen lediglich auf der beigefügten Urkunde von 1414.

Auf diesen Streit folgen, ausser dem schon erwähnten Zuge nach Domo (1411) nur noch (p. 229) die wörtlich dem Bürgerbuche entnommene lateinische

---

[1]) vgl. Russ p. 219—221 mit Justinger, Abschnitt Nr. 318.
[2]) Justinger p. 193, 7.

Notiz über den Brand von 1412,[1]) sowie (p. 229) der Anfang der Urkunde über Wenzels Absetzung (1400). Mitten in dieser Urkunde bricht die erhaltene Handschrift ab und wir können hieraus entnehmen, dass auch der eigenhändige Entwurf unseres Chronisten, welcher ohne Zweifel dieser Handschrift zu Grunde liegt, genau nur bis dahin reichte. Wie wir früher sahen, ist dieses unerwartete Abbrechen dadurch zu erklären, dass Russ 1487 zu einer Gesandtschaftsreise nach Ungarn aufgefordert wurde und später nicht mehr Musse fand, das unterbrochene Werk wieder aufzunehmen.

Schluss.

Wäre es unserm Chronisten vergönnt gewesen, sein Werk zu Ende zu führen, so würde dasselbe vermuthlich, je mehr sein Inhalt sich der Zeit des Verfassers näherte, auch um so mehr Ergänzungen und Zusätze zum Texte der Bernerchronik aufzuweisen haben. An. dem wirklich vorhandenen Theile aber sind diese Zuthaten, wie uns die Untersuchung gezeigt hat, keineswegs zahlreich; sie zeigen uns, wie spärlich die Quellen waren, auf welche Russ über die ältere Zeit bis zu Anfang des XV Jahrhunderts angewiesen war. In der That begegneten uns im ersten Theile der Chronik zunächst nur zwei lateinische Aufzeichnungen des XIV Jahrhunderts, über den Ursprung Luzerns und über den Krieg mit den Waldstädten; auch im zweiten Theil fanden wir, als Einschaltungen in den Text der Bernerchronik, nur einige dürftige, von 1305 bis 1364 reichende annalistische Notizen, als deren

---

[1] s. Geschfrd. XXII, p. 159. — s. oben p. 70.

muthmassliche Quelle wir das alte Bürgerbuch bezeichneten; erst zum XV Jahrhundert fanden wir auch das neue, noch erhaltene Buch benützt. Neben diesen wenigen rein historischen Aufzeichnungen bemerkten wir die beiden auswärts verfassten Legenden vom Zuge Karls des Grossen und von St. Ursus, sowie das beschreibende Gedicht des Luzerners Heinrich von Gundelfingen. Ausserdem fanden wir noch als weitere Hilfsquellen die Kenntniss einiger Urkunden und die Abschrift einiger Jahrzeitrodel und Inschriften, sowie des Sempacherliedes. Schliesslich erinnern wir noch an die verschiedenen Fälle, wo Russ offenbar die mündliche Ueberlieferung zu Rathe zog und aus ihrem sagenhaften Inhalte aufnahm, was ihm glaubwürdig schien.

Diesen spärlichen Quellen, welche Russ zu seinem Werke benützte, entspricht vollkommen der unbedeutende Einfluss, den dieses Fragment auf die spätern Chronisten ausübte. Wie wir sahen, wurde der Anfang desselben benützt von Russens Zeitgenossen Etterlin, dessen Bericht über den Ursprung Luzerns und über die Verleihung der Harsthörner unverkennbar auf den entsprechenden Abschnitten seines Vorgängers beruht.[1]) Jedoch schon die folgenden Abschnitte bei Russ, über den Krieg zwischen Luzern und den Waldstädten, fanden bei Etterlin keine Aufnahme, vermuthlich weil er jenen Krieg, zu welchem schon Russ keine Jahreszahl wusste, in einer „Chronik von der Eidgenossenschaft" glaubte übergehen zu sollen. Wenn nun die nächstfolgenden zwei Notizen bei Russ über kirchliche Stiftungen von 1223 und 1259,[2]) auch bei Etterlin sich vorfinden, so wollen wir nicht darüber streiten, ob Letz-

---

[1]) vgl. Etterlin p. 8—11 mit Russ p. 10—25.
[2]) vgl. Etterlin p. 73 u. 76 mit Russ p. 35 u. 42.

terer sie aus Russ, oder wie dieser, aus den betreffenden Inschriften abgeschrieben habe. Jedenfalls aber blieben die weiter folgenden Abschnitte, in welchen Russ die Dittlinger'sche Bernerchronik ausschreibt, ohne Einfluss auf Etterlin, indem dieser dieselbe Quelle d i r e c t benützte und zwar in ihrer ältern Gestalt, d. h. als „Anonyme Stadtchronik", wie sie mit Königshoven verbunden war. Dies schliesst jedoch nicht aus, dass Etterlin in gewissen Fällen, wo seine sonstigen Quellen ihn im Stiche liessen, das Werk seines Vorgängers n a c h s c h l u g. Ein solcher Fall war namentlich die Luzerner Mordnacht, welche Etterlin nur aus der mündlich überlieferten Sage scheint gekannt zu haben. Allerdings wird dieses Ereigniss, welches auf den Bund Luzerns mit den Waldstädten Bezug hatte, von Russ mit keiner Sylbe erwähnt; jedoch erzählt er unmittelbar nach jenem Bunde (1332) d a s T r e f f e n b e i B u o n a s (1336), und diesen kurzen Bericht lässt auch Etterlin, wörtlich mit Russ übereinstimmend und mit derselben irrigen Jahreszahl 1333, auf den Bund von 1332 folgen.[1]) Diese Notiz hatte Russ vermuthlich, wie wir sahen, dem alten Bürgerbuch entnommen, sowie auch andere Annalen von 1305—1364; da nun diese andern Notizen b e i E t t e r l i n f e h l e n, so ist kaum zu bezweifeln, dass er die Nachricht von B u o n a s n u r b e i R u s s g e f u n d e n h a b e, a l s e r b e i i h m N a c h r i c h t e n ü b e r d i e M o r d n a c h t s u c h t e. Uebrigens ist diese Notiz von der Schlacht bei Buonas — neben den Abschnitten vom Ursprunge Luzerns und von der Verleihung der Harsthörner — das Einzige in Etterlins Chronik, wofür wir mit einigem Grund das Werk seines Vorgängers Russ als Quelle bezeichnen können.[2])

---

[1]) vgl. Etterlin p. 44 mit Russ p. 86.
[2]) Eine Abhandlung über Etterlin soll später erscheinen.

Ueberhaupt aber scheint Etterlin der Einzige geblieben zu sein, welcher die unvollendete Luzernerchronik seines Freundes direct benützte.[1]) Von Diebold Schilling, dem Luzerner Chronisten, sahen wir schon früher, dass seine Arbeit als eine Fortsetzung seines Vorgängers Russ aufzufassen ist und dass er aus den ältern Zeiten nur dasjenige berührt, worüber ihn Russens Berichte nicht befriedigten; **desshalb legt er überall den Text bei Etterlin zu Grunde**, welchen er mitunter ergänzt und berichtigt. Allerdings ist in neuerer Zeit hervorgehoben worden,[2]) dass beim Bau der Ringmauer von 1408, welcher von allen drei Chronisten erwähnt wird, Schilling sich beim Namen des Baumeisters eher an Russ als an Etterlin anschliesse. Jedoch schliesst sich Schilling im ganzen Wortlaute des betreffenden Abschnittes nicht an Russ an, sondern an Etterlin,[3]) der hier von Russ unabhängig ist, wie dies namentlich aus seinen Angaben über den Lohn der Bauleute hervorgeht. Den Namen des Baumeisters aber, welcher im Bürgerbuche[4]) „Uolrich Walker" lautet, schreibt Russ: „Ulrich Walher", Etterlin hingegen „Ulrich Walcker"; wenn wir nun bei Schilling „Uolrich Walhel" lesen, so räumen wir die orthographische Verschiedenheit gerne ein, jedoch ohne hierin einen Einfluss von Russ auf Schilling erblicken zu können.

[1]) Aus der oben berührten irrigen Jahrzahl 1333 können wir schliessen, dass auch Etterlin, welcher zwischen 1505 und 1507 schrieb, von Russens Chronik nur die jetzt noch erhaltene, nach 1501 entstandene Abschrift vor sich hatte.
[2]) s Th. v. Liebenau: »Ritter Melchior Russ« p. 15. Anmerkung Nr. 3. und die Herausgeber von »Diebold Schillings Chronik« p. 26. N. 1.
[3]) vgl. Schilling p. 26 mit Etterlin p. 129 und mit Russ p. 202.
[4]) s. Geschfrd. XXII, p. 159.

Ebensowenig als für Schilling lässt sich für die beiden bedeutendsten Chronisten des XVI Jahrhunderts in der Eidgenossenschaft, für Tschudi und Stumpff, eine directe Benützung des Russ nachweisen. Beide kannten und benützten den durch den Druck verbreiteten Etterlin; desshalb finden wir bei Tschudi[1]) das Wenige, was Etterlin über die Schlacht bei Buonas aus Russ abschrieb, neben dem genauern Berichte des Johann von Winterthur, so gut wie möglich verwerthet. Die Schlacht bei Eschenbach aber (1353), welche bei Etterlin fehlt und welche nur Russ erwähnt, fehlt auch bei Tschudi; ebensowenig finden wir bei Letzterm den ausführlichen Bericht des Luzerners über den Krieg mit den Waldstädten, welcher sich ebenfalls nur bei Russ findet.[2]) Dasselbe gilt auch von Stumpff, welcher immerhin wenigstens vom Vorhandensein dieser Luzernerchronik wusste; denn wenn er sich in Bezug auf die Verleihung der Harsthörner durch Karl den Grossen auf „die Luzernerchronik"[3]) beruft, so kann nur Russens Chronik verstanden sein. Jedoch beruft er sich auf diese Schrift nur im Allgemeinen, so dass wir deutlich ersehen können, dass Stumpff, welcher zu Zürich schrieb, keine Abschrift derselben vor sich hatte, sondern über ihren Inhalt nur einige allgemeine Mittheilungen erhalten hatte. Es gelangte somit aus dieser unvollendeten Luzerner Chronik nur das Wenige zu weiterer Verbreitung, was Etterlin aus derselben in sein gedrucktes Werk aufgenommen hatte.

Nachdem wir gesehen, wie das unvollendete Werk

---

[1]) vgl. Tschudi's Chronik I, p. 325 mit Etterlin p. 44.
[2]) Wie wir früher sahen, erzählt allerdings Tschudi I, p. 264 eine Episode dieses Krieges, jedoch durchaus unabhängig von der Darstellung bei Russ.
[3]) s. Stumpff's Chronik: Bd. II Fol. 471 b der Ausgabe von 1586.

des Melchior Russ zum grössten Theile auf noch erhaltenen ältern Schriften beruht und auch auf die spätere Geschichtschreibung einen sehr geringen Einfluss übte, müssen wir uns zum Schlusse noch fragen, in wiefern überhaupt diese Schrift für die jetzige Geschichtforschung noch einige Bedeutung haben kann. Da das Werk nicht bis zu den Zeiten reicht, über welche Russ als Zeitgenosse hätte berichten können, so beschränkt sich seine Bedeutung auf die wenigen Abschnitte und Einschaltungen, welche auf jetzt verlorenen ältern Schriften oder auf mündlicher Ueberlieferung beruhen. Solche sonst verlorenen Aufzeichnungen, und zwar durchweg aus dem XIV Jahrhundert, erkannten wir zunächst im ersten Abschnitte der Chronik vom Ursprunge Luzerns,[1]) sodann in der Beschreibung des Krieges mit den Waldstädten[2]) und endlich in jenen vereinzelten Nachrichten, welche von 1305—1364 reichen und vermuthlich dem verlorenen Bürgerbuche angehören. Während die beiden letztern Aufzeichnungen als Berichte von Zeitgenossen aufzufassen sind, macht der Abschnitt vom Ursprunge Luzerns hierin theilweise eine Ausnahme, indem der Anfang desselben ins VII Jahrhundert zurückgreift und die Legenden vom wunderbaren Licht erwähnt. Wenn nun der unbekannte Verfasser zur Gründung des Klosters Luzern (695) zwar keine Jahreszahl setzt, jedoch ausdrücklich bemerkt, dass schon vorher, 630, eine Kapelle dort erbaut wurde,[3]) so können wir diese Angabe, für welche er sich auf ältere Schriften beruft, nicht unbedingt verwerfen; übrigens ist sie die einzige Nachricht, welche wir aus-

---

[1]) Russ p. 10—16.
[2]) Russ p. 28—35.
[3]) Russ p. 10.

schliesslich diesem Abschnitte bei Russ verdanken. Ebenso können auch die **Annalen des verlorenen Bürgerbuches** (1305—1364) soweit sie uns bei Russ erhalten sind, nur für einige wenige Ereignisse als Quelle dienen,[1]) und selbst die **Beschreibung des Waldstädterkrieges** giebt uns kein übersichtliches Bild jenes Kampfes, sondern überliefert uns nur den Hergang einiger nnbedeutender Treffen.[2]) Neben diesen drei verschiedenen Aufzeichnungen aber, welche wir immerhin noch unter die Geschichtsquellen rechnen dürfen, sind uns bei Russ noch einige **Legenden** erhalten, deren Bedeutung für uns sich darauf beschränkt, dass sie zur Kenntniss des mittelalterlichen Gedankenkreises Beiträge liefern.[3]) In gleicher Weise wird auch die **Uebersetzung von Gundelfingens beschreibendem Gedicht** nur ein untergeordnetes culturgeschichtliches Interesse beanspruchen können.[4]) Dagegen verdanken wir dem Russ — durch seine Erhaltung des **ältern Sempacherliedes**[5]) und durch seine Hinweisung auf das **Tellenlied** — schätzbare Beiträge zur Geschichte des historischen Volksliedes.

Diese Lieder gehören ihrem Inhalte nach in's Gebiet der **Volkssage**, welche in der **mündlichen Ueberlieferung** fortlebte und somit Gemeingut war. Diese Sagen enthalten von den geschichtlichen Thatsachen — wo überhaupt solche zu Grunde liegen — in

---

[1]) Nämlich nur p. 70: für den Strassenbau von 1305; p. 86: für die Schlacht bei Buonas 1336; p. 145: für die Schlacht bei Eschenbach 1353; p. 155: für den Winter von 1364; das Uebrige ist schon im neuen Bürgerbuch erhalten, sowie auch die benützten Urkunden uns ohnehin erhalten sind.
[2]) Russ p. 28—35.
[3]) Russ p. 23—27, sowie auch p. 10.
[4]) Russ p. 18.
[5]) Russ p. 197—201.

der Regel nur getrübte Erinnerungen; wir können daher auch die verschiedenen Stellen, wo Russ die mündliche Ueberlieferung benützt, nicht als Geschichtsquellen auffassen, um so weniger als in mehrern Fällen das Unhistorische des Inhalts sich genau nachweisen lässt.[1]) Immerhin aber liefern solche Stellen Beiträge zur Sagenkunde und haben somit culturgeschichtlichen Werh, indem sie uns zeigen, wie die Eidgenossen des XV Jahrhunderts ihre Vergangenheit auffassten. Durch alle diese Sagen zieht sich der Grundgedanke, dass die thatsächliche Unabhängigkeit, welcher die Eidgenossen unter der Form der Reichsfreiheit sich erfreuten, aus urvordenklichen Zeiten herrühre und dass die Herrschaft, welche einst Oestreich über sie ausübte, nur auf Gewalt und Willkür sich stützte und desshalb mit Recht gestürzt wurde. Desshalb muss nicht nur schon die Urkunde König Rudolfs als eine förmliche Anerkennung der Reichsfreiheit Luzerns gelten (p. 45), sondern schon unter Karl dem Grossen (p. 24) sind die Luzerner und Waldstädter ihrer besondern Verdienste wegen der Gegenstand besonderer Fürsorge des Reichsoberhauptes. Dass allerdings, sowohl zu Luzern als in den Waldstädten, einst Oestreich geherrscht habe, liess sich nicht läugnen; dafür aber wusste die Sage allerlei zu erzählen, was auf jene Herrschaft ein ungünstiges Licht warf und ihre Vertreibung rechtfertigen musste. Desshalb erscheinen die zwei Raubschlösser zu Luzern als östreichische Lehen (p. 20), und auch die urnerische Tellensage wird bei Russ auf die Herrschaft Oestreichs in den Waldstädten bezogen (p. 58); ebenso wird auch der Bund Luzerns mit den Waldstädten (p. 84) hingestellt

---

1) z. B. in den Sagen von den Harsthörnern, Russ p. 24, und vom Tode König Albrechts, Russ p. 71.

als die Folge ähnlicher Bedrückungen, wie sie Oestreich vorher in den Waldstädten verübt hatte. Auch der Kampf, welcher durch die Lostrennung Luzerns von Oestreich herbeigeführt wurde, lebte in der Sage fort, welche nicht nur die Erinnerung an die Einnahme von Rothenburg (p. 175) und den Sieg bei Sempach (p. 185) bewahrt hatte, sondern auch hier die geschichtlichen Schranken überschritt und schon den König Albrecht in diesen Kampf verwickelte; desshalb fällt dieser König bei Windisch nicht durch Mördershand, sondern vielmehr, wie sein Enkel bei Sempach, in offener Feldschlacht gegen die Luzerner (p. 71). Neben diesen feindlichen Beziehungen zu Oestreich fand auch das nachbarliche Verhältniss zwischen Luzern und den Waldstädten seinen Ausdruck in jener Sage von der versöhnenden Hilfe der Unterwaldner, welche bei Russ (p. 119) mit dem Brande von 1340 in Verbindung gebracht wird.

Während somit bei allen diesen Sagen ihre Beziehung zu den Anschauungen des XV Jahrhunderts deutlich erkennbar ist, sind sie in Bezug auf ihre **Entstehung**, so weit sich dieselbe nachweisen lässt, von einander sehr verschieden. Während wir z. B. in der Erzählung vom Tode König Albrechts die **Vermengung zweier geschichtlicher Thatsachen** erkennen müssen, erscheint die Sage von den Harsthörnern Kaiser Karls, wie wir sahen, nur als eine **Uebertragung** der durch Lieder verbreiteten Rolandssage. Jedoch nicht bei allen diesen Sagen lässt sich ihre Entstehung mit derselben Sicherheit nachweisen; so müssen wir z. B. dahingestellt lassen, in wiefern Russens Bericht von der **Hilfe der Unterwaldner** (1340) auf **geschichtlicher Thatsache** beruht, wiewohl sich allerdings ihre **Möglichkeit** nicht bestreiten lässt, und ebenso wird auch die urnerische **Tellensage**, wie sie uns Russ erzählt, für die Forschung wohl noch lange ein ungelöstes Problem bleiben.

Diese Sagen letzterer Art bilden für uns zu denjenigen, deren Entstehung nachweisbar ist, in ähnlicher Weise einen Gegensatz, wie die Abschnitte aus verlornen Schriften zu denjenigen aus noch vorhandenen Quellen. Während nämlich die Abschnitte aus verlorenen Schriften und die Ueberlieferungen unbekannten Ursprungs noch mehr oder weniger als Geschichtsquellen zu berücksichtigen sind, haben sowohl die Sagen, deren Entstehung wir kennen, als die zahlreichen Abschnitte, deren Quellen uns erhalten sind, für uns nur noch insofern Bedeutung, als wir aus den Erstern ersehen können, wie Sagen sich bildeten, während die Letztern uns zeigen, wie aus ältern Schriften neue zusammengesetzt wurden. Da nun der weitaus grösste Theil von Russens Chronik auf noch erhaltenen Quellen beruht, so hat dieses Werk, im Ganzen genommen, als Geschichtsquelle eine sehr untergeordnete Stellung zu beanspruchen. Dagegen zeigen uns nicht nur die eingestreuten Ueberlieferungen, wie das Volk im XV Jahrhundert die Vergangenheit der Eidgenossenschaft auffasste, sondern das ganze Werk des Melchior Russ ist uns ein belehrendes Beispiel, in welcher Weise damals die Bürgerschaft einer Stadt dem Bedürfnisse nach geschriebener Geschichte zu genügen suchte.

Nachtrag zu p. 12.

Nachdem der Druck dieser Abhandlung schon begonnen, erhalte ich von Herrn Staatsarchivar Th. v. Liebenau in Luzern die verdankenswerthe Mittheilung, dass die erhaltene Handschrift von Russens Chronik in der That kein Autograph des Verfassers sein könne, sondern vielmehr, der Schrift nach zu urtheilen, von Hanns von Westerburg, welcher neben Russ auf der Kanzlei arbeitete und ihn überlebte, geschrieben sein müsse.

Errata.

p   1, Zeile 2 unten, statt „Stadschronik" lies: Stadtchronik.
„   9, Anmerk. 4). statt „Bd. VII" lies Jahrgang VIII.
„ 13, Zeile 2 nach dem Absatz, statt „welchem" lies: welcher.
„ 32, Anmerk. 3), statt „Dialogno" lies: Dialogus.
„ 53, Anmerk. 1) statt „p. 139" lies p. 49.
„ 56, Anmerk 2) statt „p. 159" lies: p. 61.
„ 69, Zeile 2 oben, statt „enthielte" lies: enthielt.
„ 73, Anmerk. 2) statt „Henner" lies: Henne.
„ 79, Zeile 4 unten, statt „sehen" lies: sahen.

Inhalt.

	Seite
Einleitung: Russ, der erste Luzernerchronist, sein Vorbild und seine Nachfolger	1
Die Vorrede der Chronik.	9
Erster Theil: Aelteste Geschichte Luzerns bis auf Rudolf von Habsburg	13
1) Luzerns Ursprung:	
a) nach Russ	14
b) » Etterlin	23
c) » Schilling	28
2) Karl der Grosse und die Luzerner, nach Russ und Etterlin.	34
3) Weitere Abschnitte des ersten Theiles .	49
Zweiter Theil: Vom Ausgange des XIII bis zum Anfange des XV Jahrhunderts	56
1) Von Rudolf von Habsburg bis 1340 . . .	57
2) Einfluss des Luzerner Bürgerbuches . .	64
3) Sempacherkrieg und letzte Abschnitte der Chronik	81
Schluss: Uebersicht der von Russ benützten Quellen, Einfluss auf spätere Geschichtschreiber und Bedeutung für uns	93
Nachtrag und Berichtigungen	103